どなる前に使いたい

こちらを練習！

「青カード」

※使い方は 46 ページへ!

代わりの行動を教える

・～してね

ほめる

・問題行動の反対の行動（普通のこと）をほめる
・普通のことは、すでに起きている

一緒にやってみる

・じゃあ、一緒にやってみよう
→ 一緒に練習
→ 一緒に本番

待つ

・親
ブレない、ほめられる可能性
・子
切り替えの時間

気持ちに理解を示す

・共感
～だよね、わかるよ
・復唱（オウム返し）
～なんだね

落ち着く

・深呼吸（親も子も）
・離れる、ほかのことを考える

環境をつくる

・距離
・目線
・刺激

聞く・考えさせる

・何があったの？
・次からはどうすればいい？

＊フラットか前向きな方向で話します。
無理そうなら、いったん避けましょう。

思わず出てしまう「赤カード」

あいまい ・よく見てよ ・ちゃんとやって ・もっと考えてやって	**長い説明** ・理由や状況の説明に力が入る ・子どもの集中力が切れる ・何をすればいいのかがぼやける
否定形（禁止） ・〜しないで ・〜したらダメ	**いやみ** ・いつもこうだといいのにね ・それでいいと思ってるんだ ・よくそんなことできるね
脅す ・置いて帰るよ ・もう〜はさせないよ ・〜に叱ってもらうよ	**罰** ・1週間おやつ抜きね ・明日の遊園地はなしね
質問風の攻撃 ・なんでお茶をこぼすの？ ・悪いことだってわからないの？ ・何回言ったらわかるの？	**どなる** いつものアレです 疲れますよね……

子どもも自分もラクになる

「どならない練習」

伊藤徳馬

Discover
ディスカヴァー

私はアラサーのなつみママ
子育ての悩みがあるの
今日も子どもをどなっちゃった・・・
ハァー・・・
もうやめよう！もうどならないぞ！
って思ってるのに！
私のかわいいシュウちゃんが・・・
シュウ 5歳
クスクス
お鍋にカエルを入れたり
ケロッ
ぎゃー!!
クスクス

イヌに落書きしたり
クスクス
だー!!
クーン
マーカー
思い出したらまたムカついてきたぞ!
ゴゴゴゴ
あんにゃろうゆるさーーん!!
ゴーーーッ
まずは練習するのがいいですよ!
えっ?
どなる練習?
いえ、そっちは立派にできてるんで
どならない練習をしていきましょう
どならないれんしゅうー?

はじめに

どーもー。普段は市役所で働いている伊藤と申します。

この本は、私や仲間たちがいつも開催している「ちはっさく」という子育て練習講座を家にいながらにして体験できるようにテキスト化したものです。

この「ちはっさく」とは、「代わりの行動について話す」「一緒にやってみる」「待つ」「聞く・考えさせる」といった、これまでにさんざん大事だと言われてきている子どもへの基本的な対応方法を楽しく適当に練習して、それらの「実践頻度を上げるだけ」の講座です。

難しい理論や、意識の高い精神論はありません。ただただ練習するだけです。だから、この本を読みはじめたみなさんは、これから子どもへの対応方法について、たくさんの「うさんくさい練習」をさせられます。

でも、大丈夫ですよ！　**簡単な練習を繰り返せば、いくらか上達しますから。**

そしてもちろん、**受講した親御さんたちの成果もまずまずですから。**

みなさんがこの本で子どもへの基本的な対応方法を練習すると、講座の受講者さんと同様に、次のことを体験できるはずです。

①基本的な対応方法を楽しく練習して、実際に自分の子どもに使ってみる。
②うまくいかないときもあるけど、子どもにうまく伝わる機会が少し増える。
③「え！　それだけで変わるの？」と思う。
④子どもが問題を起こしても、「あー、このパターンなら対応できるわ」と少しだけ気持ちに余裕ができる。

ちなみに、「ちはっさく」は「8つの基本的な対応方法を練習してみて、使いやすいものを家で使ってね」というスタンスであって、「こういう場面ではこういうふうにすべき！」と縛るタイプではありません。みなさんのご家庭の状況に合わせて柔軟に使ってください。

あと、子どもへの対応は技術的にも精神的にもそれなりに難しいものだし、たくさんの子どもを見てきたプロでもない限りはみな、1～3人くらいの子育て中というピュア！&フレッシュ！な親御さんなので、子どもにうまく対応できずに「ごらぁーーーっ！」となっても、それはまあ、しかたのないことですよね。

うまく対応できなくてもみなさんのせいではないですし、「もう怒らない！」と反省や後悔をするよりは、**対応の練習をして経験値を稼いで、うまくいく頻度を少しでも上げておいたほうがみんな幸せ**なんじゃないかなと思います（そう言いつつ、私も自分の子育てで反省とか後悔とか、うんざりするほどありますよ！）。

「すばらしい子育て」より、「ちょっとラクな子育て」を目指したい

申し遅れましたが、私の自己紹介を軽くしておきます。私は現在42歳、家族は妻と中学生&小学校高学年の子ども2人、それと犬がいます。

子どもは昔はかわいかったのですが、今はいい意味で対応が難しい時期になってき

ています（数年前までは「抱っこ、抱っこ」とうるさかったのに……）。

こういった活動をしていると誤解されがちなのですが、**私自身はすばらしい子育てをしているわけではないですし、それを目指してもいません。**仕事上、成り行きで、子どもへの基本的な対応方法を練習する機会に恵まれたおかげで、**自身の子育てが少し効率的になり、少しラクになった、少しマシになった**、というくらいです。思わずどなってしまうことも、うまく対応できなくて痛い目にあうこともまだまだあります。

今は現場から少し離れて福祉の企画・総務の仕事をしていますが、以前は10年ちょっとの間、児童虐待や子育ての相談業務をしていました。その際に、「子どもへの対応方法を練習する講座」を事業化した流れで、今も研修や講演会をしています。

で、なんで私がこういった活動を続けているかというと、**「具体的な子どもへの対応方法を身につけたい」という親御さんのニーズが高いにもかかわらず、行政をはじめとする子育て支援サービスがそのニーズを満たしきれていない**ことを知ってしまったからなんです。

相談業務をしていると、子どもへの対応がうまくできなくて問題がこんがらがっているご家庭とたくさん出会います。ご家庭にかかわっているプロ（保育士や保健師、相談員とか）も、「もう少しうまく子どもに対応できれば、このママはラクになれるのになあ」と思うのですが、実はプロ側も子どもへの対応方法を一般の親御さんへ伝えるノウハウがあまりなくて困っていたりします。

私自身も相談業務の駆け出しのころ、虐待対応で親御さんに「お子さんを叩かずにすむ方法を、我々と一緒に考えてください」と言ったものの、親御さんから「じゃあ、どうすればいいいんですか？」と聞かれて困る、なんていうことがたびたびありました。

「練習」すれば、少しうまくできるようになります！

今の時代、育児本や子育て講座、情報サイトなどから子育て情報は簡単に手に入れられるのですが、子どもへの対応方法を実際に練習して身につける場はほとんどありません。

すると、子育て中の親御さんたちのうちのいくらかは、**「子どもへの対応方法の知識はある、聞いたことはある」→「でも、練習したことはないのでなかなか実践できない」→「実践できないから困る」**となるわけです。

だから、行政や子育て支援団体が「練習する講座」を開催すると、受講申し込みが多く、受講者さんの反応もいいのです。

そこで、気楽に参加できる「練習する講座」がもっと増えるといいなあと思って、筆者や仲間たちは日々活動しております。

というわけで、この本です。講座を開催する仲間は増えつつありますが、親御さんたちに「え！　それだけで変わるの？」という体験を広めるには別の媒体も必要……。そうだ、本を書こう！　講座のリアルな練習を本でどうやって再現するのかは工夫が必要そうだけど、とりあえず出版社に連絡を取ってみよう。

そんなこんなで、この本を出すことになりました。めでたしめでたし。

最後に、私が本を書くとゆるゆるになってしまうので、私の先生である渡邉直さん（千葉県の児童相談所の所長さん！）の推薦コメントを次のページに掲載しています。

※　この本で扱う子育て練習講座「ちはっさく」は、渡邉さんがつくった「機中八策《きちゅうはっさく》（説明は14ページで）」のアレンジ版です。

「機中八策」は、子育てから大人どうしのやり取りまで、肯定的なコミュニケーションを体験的に学習できる啓発講座であり、同時に「世の中のコミュニケーションを前向きにしよう」という社会的な活動でもあります。

この「機中八策」を気楽な子育て講座仕様に改造させてもらったのが「ちはっさく」になります。

推薦のことば

公認心理師・臨床心理士　渡邉 直

伊藤さん、やっとこのときがきたね。出版おめでとう。

そして、私が「機中八策《きちゅうはっさく》」の本を書かない分、関連することを書いてくれてありがとう。

さらに、子育ての『練習帳』なる希少本を購入し、ここまでページをめくってくださった読者の方に感謝します。


あらためて、この本を手に取られているみなさん。

この本は、理論的なことがつらつらと書かれている専門書ではありませんよ。

この本を読んで頭でっかちになることは一切ありません。

気を楽にしてページを手繰ってみてください。

「こういう場面ではこうすべき」決まりもありません。

脱力系・伊藤メソッドによる「ちょっとうさんくさい練習」をひたすらやるだけの本です。

理論をすっ飛ばして、体感だけで、子どもへの〝うまくいく〟基本的な対応法が習得できる構成になっています。

そして、みなさんがこの本の後半のページをめくる頃には、自分なりの「こんな感じだとうまくいくかなぁ？」が〝型〟として身についていることでしょう。

私は、子どもに関するあらゆる相談が寄せられる児童相談所に勤務しています。

児童相談所には、20世紀最後の年となる2000年から、子ども虐待への対応が求められるようになって、今では「児童相談所＝子ども虐待対応」のようなイメージがみなさんの中にも浸透しつつあるのではないでしょうか。

そんな仕事をしているとき、伊藤さんが市役所の子ども虐待対応担当部署にいて、私と出会ったわけです。

二人とも児童相談所と市町村と機関は違ったけれど、**「そうしたくて子どもを叩いたり、どなったりしているわけではない」**という多くの当事者の声を聞いていました。

どうしたら、子どもとうまく向き合えるようになるのだろう。

最近では、専門性の高いペアレント・トレーニングや各種プログラムなども複数存在しています。行政の職員がそれらのスキルを身につけて実施できるようになることも魅力的でした。

でも、それが可能になるには、双方に膨大な時間とコストと人手が必要となります。

そもそも、子どもが〝怖い思い〟〝つらい思い〟〝痛い思い〟〝嫌な思い〟をしてしまう〝こと〟が起きてしまったならば、そこに大きなダメージを残してしまいます。

そこで、**〝こと〟が起きる前の予防策として、お気楽に習得できる非専門的でプログラムではない〝非暴力コミュニケーション〟のパッケージがあって、多くの人と共有できるといいな**と考えました。

そんななか、私が平成24年の高知出張から羽田に帰る飛行機の中でひらめいたのが「機中八策《きちゅうはっさく》」でした。坂本龍馬は大政奉還につながる維新の八策を船の中で考えたので「船中八策」、私は飛行機の中だったので「機中八策」としました。

子どもや夫婦間、上司と部下など、感情移入しやすい近しいヒトと始終同じ顔を突き合わせていると、キレる沸点が低くなりトラブルも増えるものです。

けれど、そのイライラを「どなる」とか「叩く」「いやみを言う」「ディスる」「否定する」という暴力的なコミュニケーションで発散してほしくないですね。

そうしてしまう前に、いったん立ち止まって離れ、落ち着いてほしい。

では、その兆候に気づくにはどうしたらいいか?

それは、「ひどいおとぎばなし」という行動（ことば）のカードを切りそうになったときがサインです。

ひ	否定形
ど	どなる 叩く
い	いやみを言う
お	脅す
と	問う　聞く 考えさせる
ぎ	疑問形
ば	罰を与える
なし	なじる 人格否定

そのときは、意識的にスイッチを入れて**「ほまれかがやきを」**のカードに切り替えること。

ほ	ほめる
ま	待つ
れ	練習する 反復　確認 一緒にする
か	代わりにする 行動を明確にして提示する
が	環境づくり （いちおし）＊
や	約束
き	気持ちに理解を示す（復唱）
を	落ち着く

＊（いちおし）とは（**い**つも**ち**かづいて**お**だやかに**し**ずかに）の頭文字つづり

これが、「機中八策」という頭文字つづりの合い言葉で覚える非暴力コミュニケーションの具体策です。

どうでしょう、簡単に自分にインストールするパッケージとして〝いける〟気はしないでしょうか。

「ほまれかがやきを」カードが切れるようになるためには、少しの練習が必要になります。**繰り返すことによって「型」として取り入れて定着させ、無意識的に動かして**

いけるようにするのです。

でも、これを一人で完璧にできるようにと気負わなくてもいいと思います。

家族、地域のみんなの合い言葉とできれば、お互いに声をかけ合う、おだやかにつながり支え合える、人にやさしいコミュニティ文化が醸成できるのではないだろうかと考えました。

伊藤さんは、この「機中八策」を「ちはっさく」と若干のディテイルを変更して、練習だけに特化してこの本を書き上げました。意気投合の出会いがあったからこそ、これが可能となったのだと思います。

さあ、めくるめく伊藤ワールドにいざなわれ、自分なりの〝ちょっとだけましなやり方〟を手に入れにいきましょう。

目次　contents

はじめに …… 5

「すばらしい子育て」より、「ちょっとラクな子育て」を目指したい …… 7

「練習」すれば、少しうまくできるようになります！ …… 9

推薦のことば

公認心理師・臨床心理士　渡邉直 …… 12

練習をはじめる前に

●子育てが大変なのは、「時代のせい」なんです …… 28

●なぜ、子育ての「練習」なの？ …… 32

●で、「効果」はどれぐらい？ …… 36

●何歳ぐらいの子どもに効くの？ …… 39

●どういう人が読むと効果がある？ …… 41

●この本は、こんな構成です …… 43

●青カード・赤カードはこう使ってください！ …… 46

第1章 「代わりの行動を教える」〇〇してね

実際に体験してみましょう！……54
練習タイム！……60
1 ショッピングカートの上に立ち上がった！……61
2 お菓子売り場へ猛ダッシュ！……65
3 売り物のイカの目を押して遊んでる!!……67
4 リモコンを足の指で操作！……70
5 「トレーを持ちたい！」と主張してきた……71

第2章 「一緒にやってみる」じゃあ、一緒にやってみよう

1 一緒に練習……78
2 一緒に本番……79
練習タイム！……84
1 テントの入口で転んじゃいそう……84
2 また手を洗っていない！……87

3 戦隊番組を見せると、いつもこうなる……90
4 傘の持ち方が変で、体がびしょびしょに……92

第3章
「気持ちに理解を示す」
○○だよね、わかるよ
○○なんだね

1 共感……「○○だよね、わかるよ」……96
2 復唱……そのまんま、「○○なんだね」……101
時間と気持ちに余裕があるときだけでOK!……104
練習タイム!……107
1 「犬を飼いたい!」と主張してきた……107
2 今度は、ハムスターだと……109
3 へ、ヘビを飼いたいだって……!?……112
4 チョコをこぼしちゃった……114

総合練習！（簡単版） …… 118
① われ先にと、一人でトコトコ …… 118
話は短く、シンプルに！ …… 121
② タッチパネルにどうしても触りたい …… 124
③ 「まだ帰りたくない！」……おなじみのアレです …… 126
④ 服を脱ぎ捨てて、パンツ一丁で遊んでる …… 131
⑤ れ、冷蔵庫に粘土をペタペタと …… 136

第4章 「環境をつくる」キョリ・メセン シゲキ

地味に手堅く成功率を上げてくれる「環境をつくる」 …… 150
練習タイム！ …… 154
① ママ友邸で、ほかの子とモメはじめた …… 154
② いつの間にか、カートに高級チーズのブロックが！ …… 159
③ 着替えをしなさいと言ったのに …… 162

第5章

「ほめる」
○○できたね

実は、ほめるほうが効率がよい！……169
「ほめる」＝「行動へのフィードバック」と考えましょう……174
ほめるべきところは、大量にあります！……177
問題行動も、「ほめて修正」！……180
ポイント1　「普通の行動」は日常生活の中ですでに起きているかも……185
ポイント2　「普通の行動」は問題行動より発生頻度が高いかも……187
クイズタイム！……189
【簡単なクイズ1】お風呂のあと、ふざけて逃げ回る……193
【簡単なクイズ2】なぜ水筒から大量の砂が……？……197

練習タイム！

練習タイム！……202
1 ごちそうさまをして、お皿を運んでくれた♡……202
2 今日は呼んだらすぐにやってきた♡……204
3 ジュースのブクブクをすぐにやめてくれた♡……208
4 自分から片づけをはじめてくれた♡……211
5 大事な話をしているのに、「帰ろう攻撃」をしてくる……213
総合練習2（ちょいムズ版）……216
1 「ごちそうさま」を言わずに席を立った……217
2 「トイレに行かない！」と言い張る……225
3 玄関の鍵をかけてねと言ったのに……232

「事前に青カード！」のすすめ……238
1 また改札のところでウロチョロしそう……240
2 また歯ブラシをくわえたまま歩きそう……245
3 今日こそは、じいじ・ばあばに挨拶してほしい……249
総合練習2（ちょいムズ版）の続き……251
4 玄関の土間に座って靴を履いている……251
5 宅配便の箱を勝手に開けてしまった！……257
6 マヨネーズの容器の口をなめてしまった……262
罰を与えたほうがいいの？……264

最後のまとめ 271
最後の最後に 275
あとがき 277

練習をはじめる前に

子育てが大変なのは、「時代のせい」なんです

さあ、そんなわけではじまりますよ。謎の子育て練習講座「ちはっさく」。練習に入る前に、いくつか事前説明があります。

まずは、この本や子育て練習講座「ちはっさく」は何をねらっているのかをさらっと説明しておきます。

筆者は、自分も含めて「今の子育て世代はけっこうしんどい状況に置かれているよなあ」と思っています。なんでかっていうと、いま子育て中の親御さんたちは昭和の終わりのほうか、平成の一桁代に生まれた人たちが中心で、**親に叩かれたり、否定されたり、家の外に出されたりすることは珍しくない時代に育った**わけなんです。

筆者も子どものころは、悪いことをすれば叩かれたし、家の外に出されて小一時間、物置で過ごしたこともありました。当時は「悪いことをしたら、厳しく罰を与えるのが子どもと向き合う立派な子育て」、みたいな雰囲気だったと思います。

かつてはドラマやアニメでも、親が行うしつけとして、幼児や小学生だとゲンコツ、中高生だとビンタをくらわすのは普通でした。当時はそれが普通で、我々の親も、良かれと思ってがんばって子どもを叩いたり、否定的な言葉を投げて子育てをしたんだと思うんです。

ところが、我々の世代が子育てをする頃には、子どもを叩くことは「児童虐待」として扱われるようになり、さらに子どもが泣いたり、親がどなったりしているだけでも周りから白い目で見られたり、虐待の通報をされたりするようになっていました。**子育て環境が激変したんです。**私も市の職員として、虐待通報を受けて家庭訪問する仕事をしていましたが、いろいろと思うことはありました。

もちろん、子どもの権利と安全が守られるようになったこと自体は、とてもとてもよい変化です。この点はよかった。

問題は、今の親御さんたちは**「時代の変化に合った子育ての方法を誰にも教えてもらっていないのに、子育ての要求水準がめちゃくちゃ上がった」**ってことなんです。

だって、みなさん、そんなにたくさんほめられました？　ある程度はほめられたでしょうけど、今の時代に言われている「子育てはほめましょう。ほめて伸ばしましょう」なんていうほど、ホメホメワールドで育った方は少数派なんじゃないかと思います。

この流れだと、今の親御さんたちはそりゃあ、しんどいですよね。

「私だって、子どもにどなりたいわけではないし、否定的な言葉も投げたくない。できることならほめて、平和に子育てをしたい。

でも、それができないから困ってるんじゃー！」

という状況にある親御さんたちに対して、さあ、子育て支援と児童虐待にかかわる人間は何をすればいいのか、と10年ぐらい前に考えた筆者の答えがこの本につながるわけです。

今の親御さんたちの状況からすれば、ほめるとか、叩かずに言葉によるコミュニケーションでしつけをしていくとかいうのは、家でも学校でも教えてもらっていないことなので、そりゃあ苦労しますよ。

自分たちの親に「ほめたり、肯定的に関わる子育てってどうやるの？」と聞いても、親たちもわからないわけですから。そんななかでも、みなさんは自身が育った時代とはずいぶんと違う子育てにチャレンジしているので、むしろ今の親御さんたちはがんばっているほうでしょ、と思います。

そんなみなさんが、**「時代に要求されている『肯定的な子育て』を、楽しく適当に練習して、実践の頻度を上げられるようにすること」**——これがこの本のねらいです。

とりあえず、もしみなさんが「ほめる子育て」とかの実践に苦労されているのであれば、**それはみなさんのせいではなく、時代のせいです。**

ここ大事です。**人のせいにしておきましょう。**

で、次に、「なんで練習なのか？」です。

まず、**この講座では子どもへの8つの対応方法を楽しく練習して、家での実践頻度を高めます。**ひたすら練習します。

なぜ、子育ての「練習」なの？

不思議なことに、子育ての分野では「練習」は重視されてきませんでした。スポーツや音楽、勉強などでは練習をいっぱいしますし、車を運転するにも教習所や路上で練習をします。でも、子育てでは練習する場はほとんどないんです。

たとえば、テニスの初心者がテニススクールに行ったとしましょう。はじめは何をするかというと、簡単なボールを打つことからはじまって、ラリーを続けたり、ボールをコースに打ち分けたりするようになって、試合形式の練習もして、ようやく試合に行き着きます。試合でもいろいろな壁に当たり、日々の練習をまた積み上げていきます。

これを、多くの親御さんが経験する「子どもへの対応に苦労する流れ」に当てはめてみます。

まず、親になると初心者でもいきなりぶっつけ本番で試合（自分の子どもへの対応）がはじまります。簡単な練習も応用練習もありません。で、当然、試合でうまくいかなくて、コーチ（子育て関係のプロ。たとえば、健診会場の保健師さんや幼稚園・保育園の先生）に相談します。

すると、コーチからは「お母さん、お子さんをほめてあげてください」とか、「お子さんも十分がんばっているので、ゆったり構えてください」といった総論や精神論が返ってきがちです。言われたほうは、「そんなんわかってる！　わかってるけど、できないから相談してるの！」と思ったりします。

もちろん、総論や精神論の内容は正しいし、それで救われる親御さんもいるでしょうが、テニススクールの話で考えると引っかかります。まずは、練習があったほうがいいんじゃないかと。

相談があったら、コーチからは具体的なアドバイスがあって、「じゃあ、いま話したことを練習しよう」と提案される選択肢もあるんじゃないかと（プロ側の苦悩・葛藤も承知していますが……）。

そして、これまた不思議なことに、子どもへの具体的な対応方法を言葉にしたり、練習したりすると、「子育てのマニュアル化」とか、「親も子も人それぞれでほかの人と違うから、画一的な育児法は机上の空論」みたいな話で否定されたりもします。

でも、みんな部活や習い事で練習をしてきましたよね。なぜだか、**スポーツや音楽の練習は「あり」だけど、子育てになると練習は「なし」となりがち**です。不思議です。

そこで、この「不思議」に風穴を開けて、「練習してしまおう」というのが「ちはっさく」です。

スポーツの練習と同様に、「ほめましょう」「落ち着いて伝えましょう」といった基本的な対応方法について、簡単な反復練習、リアルな応用練習をしておきましょう。それだけなんです。

最初はうまくできなくても、練習すれば少なからず上達します。だから、練習をします。

あと、子育て支援者としては、もう一つの「不思議」があります。「子どもへの対応方法を学ぶ系の子育て講座」は、専門的で高度な話を聞く講座が主流になっていて、受講者さんにとっても、講座を開催するプロ側にとっても、ハードルが高かったりします。

ハードルを下げた子育て講座であっても、結局は専門家が高度な話をゆるめに楽しく説明する講座だったりして、専門性が高い講座であることに変わりありません。

唐突ですがみなさん、普段はどんな自転車に乗っていますか？　たぶん、ママチャリの人が多いですよね。普段の移動手段で、20〜30万円する本格的なマウンテンバイクやロードバイクに乗っている人は少ないと思うんです。多くの人にとっては、自転車は、気楽に乗れて、そこそこ走ることができればそれでいいんですよね。

何が言いたいかっていうと、子どもへの対応方法を学ぶ子育て講座でも、ママチャリのカテゴリーが必要だろうと思うんです。

専門的な講座があるのはいいことだけど、みんながみんなロードバイクを望んでいるわけではなくて、むしろ専門性は低くても、とりあえず簡単な練習を気楽に楽しくできるママチャリ的な子育て練習講座のほうがニーズはいっぱいあるだろうと。

そう思ってつくったのが、この子育て練習講座「ちはっさく」です。**とっつきやすく、そこそこ効果はあるけれど、専門性が高いわけではない。**「子育て講座界のママチャリ」的なものです。

だから、この本を読んでいるみなさんも、**ママチャリに乗る程度の気楽さで練習をしていってくださいね。**

で、「効果」はどれぐらい？

では、この本で練習するとどの程度の効果があるのかというと、**「ほどほど」**です。

この本でしこたま練習したからといって、バラ色の子育て期がやってくるわけではありません。

練習するのは基本的なことであるため、日常のいろんな場面で使えて、安定した地味な効果がある一方で、基本であるからこそ大した威力はなく、特に問題が複雑になってくるとこの本の内容だけでどうこうできるもんではなくなってきます。この本では基本の練習をするだけですから。

別の角度で見ると、この本の効果は**「うまくいく可能性が少し上がりますよー」**というものになります。ここは本当に大事なところです。

どうしても、この手の話は「これをやるとすべてうまくいく！　絶対こうするべき！」と言っているように見えてしまうのですが、当然そんなことはありえません。

練習をした結果として、「子どもにうまく伝えることができた（話が通じないときもたくさんある）」「いつもなら即ギレする場面だけど、何とか冷静に対応できた（でもキレてしまうときだってたくさんある）」という、少しの変化を生み出すのが現実的な効果です。

だから安心してください。

ちょっとの変化でいいんですよ。「ちょっと」で。

講座のアンケート結果でも、「受講前のどなる頻度が10」だったとした場合の「受講後のどなる頻度」（受講者さんの主観）の平均値は6前後です。練習をしてもどなる頻度は0にはなりませんし、6は残るわけです。

しかし、**「4減った」というだけでも、その効果を実感することはできます。**

しつけは細かいものも含めると、1日に何十回とするものなので、少し成功率が上がるだけでも、**1週間、2週間と継続すると効果は少しずつ大きくなり、1年も継続すると大きな差が生まれます。**

だって、以前は1日に10回どなっていたのが、練習後には、4回はどならずに、「これはこういうふうにするんだよ」「わかった。こうすればいいの?」「そうそう」みたいなやり取りで収まるようになったとしたら、親御さんの負担感とか、親子の自信とか変わってくるわけじゃないですか。

さらに、うまく伝わった内容のいくつかは、子どもが自発的に行動できるようになっていくわけなので、積み上げられていく効果は馬鹿にできません。

というわけでまとめると、「うさんくさい練習をして、子どもへの対応がうまくできる可能性が少しだけ上がる」というのがこの本なんです。

だからみなさん、何度も言いますが、練習をがんばってくださーい。

何歳ぐらいの子どもに効くの？

この本で練習する内容の対象年齢は何歳くらいかというと、だいたい3歳以上です。

「ちはっさく」の内容は、結局のところ、言葉によるコミュニケーションスキルなので、3歳以降から成立しやすくなって、4歳〜小学校低学年くらいが一番「練習、実践、効果の実感」がしやすい時期になると思います。

もちろん個人差はとても大きいので、よその家と比較する必要はありません。小学校高学年になってくると、思春期の問題も入ってきてやりにくくはなりますが、基本が大事であることに変わりはありません。

言葉によるコミュニケーションスキルなので、0～2歳にはまだ早いのですが、1～3年後のために予習しておくのはアリだと思います。特に、**夫婦で予習しておくと、本番を迎えたときに連携プレーがスムーズになるのでオススメ**です。

大人向けには問題なく使えます。ビジネス書や恋愛本にも、同じようなことは載っていますからね。

あと、お子さんに発達のつまずきがある場合や「どうにもうまくいかない！」というときには、この本ではなくプロの相談窓口を頼ってください。困ったときはとりあえず市町村役場に電話すれば、子育て相談の窓口を紹介してもらえます。しかも無料ですよ！

くどいようですが、この本は基礎練（きそれん）をするだけのものであり、基礎練の効果しかありません。

どういう人が読むと効果がある？

この本は、子育て中のママをメインターゲットにしています。なんでかっていうと、普段筆者たちが実施している講座の受講者さんは圧倒的にママが多く、その講座の内容をテキスト化しているのがこの本だからです。

もちろん、**「子育ては母親の仕事だ」なんて時代遅れなことはこれっぽっちも思っていません。**

筆者が子育て相談のまとめ役っぽい仕事をしていたときは、ママからはじまった相談であっても、「パパも相談の当事者にすること」を相談の進行管理のチェックポイントにしていましたし、「ちはっさく」の講座でもパパの受講率を上げることは大事なので、パパ向け講座や夫婦参加講座をいろいろと企画してきました。

ちなみに、ママ向け講座とパパ向け講座では、受講者さんの傾向が異なるため、講座の進め方も若干変えるようにしています。

ママ向け講座だと、日常のあるあるネタを中心に「こんな場面ってよくあるじゃないっすか。で、それって避けたいですよね。じゃあ練習してみましょう。はい、二人一組で～」と進めていきます。ママたちはたくさんうなずいて、発言して、練習でもママたちからアドリブをどんどん入れてきます。

一方、パパ向け講座だと、あるあるネタよりも技術論やビジョン、「問題の特定と対応」みたいな話のほうが反応がよく、会社の研修のような雰囲気がほのかに感じられます。パパどうしの練習も若干ぎこちなく、いっそのこと酒とつまみがあれば盛り上がるんじゃないかと思えたりします。

そんなこともあって、今回は「ママ向け講座のほうをテキストにしたから、ママが主人公の本になっている」ということなんです。

（筆者の野望の一つに、「パパ層への『ちはっさく』の展開」があったりするので、そちらもがんばりますよ！　たぶん。）

この本は、こんな構成です

今、みなさんが手にしているこの本では、「基礎の特訓編　5つの青カード」を中心に扱います。

8つの子どもへの対応方法のうち、次の5つの基本的な対応方法について、簡易な練習、応用練習とステップアップしながら特訓していきます。

「1　代わりの行動を教える」
「2　一緒にやってみる」
「3　気持ちに理解を示す」
「4　環境をつくる」
「5　ほめる」

シンプルな練習をするだけなんですが、**「基礎は大事」**、これに尽きます。
毎日の子どもとのやり取りで使う頻度の高い対応方法を練習して、親子間のコミュニケーションの質を上げておくことで、子どもの問題行動や親子のトラブルを日頃から減らしておこうという内容になります。

なお、青カードには残り3枚ありますが、「応用編」的なものなので、本書ではくわしく扱いません。余力のある方はぜひ使ってみてください。

「6　待つ」
「7　落ち着く」
「8　聞く・考えさせる」

それと……、練習がたくさんあるので、読んでいるみなさんは、最後のほうで

「えーーーっ……、練習多くない？　まだあるの………」と思われるかもしれません。

実は普段、筆者が開催している講座でもそうなるようにしています。**基本的な対応方法を重点的に練習して、実践する頻度を高めることをねらっている**からです。学校の部活と同じノリです。

とりあえず、

「この本では、５つの基本的な対応方法をたっぷり練習する」

とだけ覚えておいてくださいね。基本は大事です！

青カード・赤カードはこう使ってください！

さあ、ここでカードの紹介です。

巻頭の「ちはっさくカード」を切り取って机の上に置いてください。

「なくしそう……」と切り取るのをためらったあなた、大丈夫ですよ。

このページのＱＲコードからカードの画像に飛ぶことができます。画像はスマホに表示したり、何度も印刷したりできますので、巻頭のカードは安心して本から切り離してください。

たぶん、忙しい毎日の中でカードをなくしたり、お子さんにいたずらされたりするでしょうけど、カードは消耗品なんです。

このカードの使い方は、

- 本を読んで練習するときに、カードを見ながらやってみる
- 本を読み終わったら、冷蔵庫や壁に貼っておく
- 手帳にはさんで、常に持ち歩く

というのが王道かなあと思っています。

受講した親御さんたちによると、このカードを冷蔵庫に貼っておいたり、手帳に挟んでおいたりして視界に入ったときに、「ああそうだ」と思い出すことができるそうです。

カードは1枚目の8つを「青カード」、2枚目の8つを「赤カード」と呼びます。

まずは、「青カード」を眺めてください。地味な内容が並んでいます。

青カードは、これまでにさんざん大事だと言われてきている子どもへの基本的な対

応方法のなかから、汎用性の高い8つを選んであります。

「これを使えばすべてがうまくいく」というわけではありませんが、うまくいく可能性を少し高めることができますし、使用する機会が多いため、練習しておくに越したことはありません。

子育ての効率を上げる、前向きな「青カード」です。みなさんを少しだけ助けてくれますよ。

この青カードは、5つの基本カード（**「代わりの行動を教える」「一緒にやってみる」「気持ちに理解を示す」「環境をつくる」「ほめる」**）と、3つの特殊カード（「待つ」「落ち着く」「聞く・考えさせる」）に分かれます。

基本カードは、文字どおり子どもへの対応方法の基本となるもので、多くの場面で効果的に使うことができます。

特殊カードは、子どもが駄々をこねたり、親御さんがイライラしたりする場面で親子間のコミュニケーションをスムーズにしてくれるものです。本書ではページ数の都合もあり、くわしくは扱いませんが、タイミングが合えば、ぜひ使ってみてください。まずは基本ということで、この本では基本カードの5枚を使いながら練習していきます。

次に「赤カード」を眺めてください。これは得意な人が多いです。ほとんどの人が練習しなくても、全部ばっちりこなせます。

たとえば、子どもがおもちゃを片づけないときに、

- 「あいまい」……ねえ、ちゃんとしてよ。年長さんなんだからしっかりして。お願いだからいい子になって。
- 「否定形」……おもちゃを出しっぱなしにしないで。
- 「脅す」……片づけないなら、もう捨てるよ。
- 「質問風の攻撃」……なんでおもちゃを片づけないの？（子どもが理由を答えても叱る）

・「長い説明」……おもちゃを片づけないと誰かが踏んだり蹴ったりしちゃうでしょ。この前みたいに、大事なおもちゃがどっかに行っちゃって、泣きながら探すことになるよ。せっかく誕生日に買ってもらったのにｓｄｆｇｈｊｋｌ……

・「いやみ」……おもちゃを出しっぱなしでいいと思ってるんだ。よくそんなことできるね。

・「罰」……言うことを聞かないからおやつはなしね。

・「どなる」……（説明不要ですよね）

なお、青カードの中には、1枚だけ黄色の「聞く・考えさせる」があります。これは、「うまく扱えると青カード、一歩間違うと赤カード」という中間位置のものになります。青カードと赤カードがあって、その間に黄色があるので、信号と同じようなもんだと思ってください。

赤カードはネガティブな内容ですが、「これをやってはいけない」とか「これを使うのはダメな親」とかいうわけではないです。ここ大事です。

赤カードは思わず使ってしまうんですよ。それはしかたない。

ただ、赤カードに力を入れても、**親ががんばって叱る割には、子どもには大して伝わっていなくて（ですよね？）、親が疲れるばかりなので、できることなら赤カードは回避したい**わけです。

赤カードを使ってしまっても、反省なんてしなくていいんです。青カードを使う頻度を少しでも高められるように、これからがんばってあやしい練習をしていってくださいね。

※　青カードについてですが、一般的な育児本の流れから、どうも筆者が「この8つだけ押さえれば大丈夫」と言っているように誤解されがちなので明記しておきます。

青カードの8つの対応方法は、たくさんある基本的な対応方法のうち、**「練習しやすい、使用する機会が多い、効果を実感しやすいもの」**を選んでいるだけであって、ほかにも大事なことはいーっぱいあります。

「これだけやっておけばあなたはハッピー」なんてものではありませんし、ほかの方法を否定するものでもありません。

基本は大事だから、その一部だけでも練習しておこう、それだけのことです。

第1章

「代わりの行動を教える」

○○してね

さあ、ようやく長ーい前置きが終わって、ここから本番です。
まずは、**青カードの1枚目、「代わりの行動を教える」**です。

子どもにどうしてほしいかを教える際には、「行動」について話すとシンプルでわかりやすく、伝わりやすくなります。

「○○できたね」とか「○○したのはまずいんだよ」と行動について話します。

さらにもう一歩踏み込んで、**問題行動を注意する際には、「○○しないで」ではなく、「○○してね」と肯定的な表現で代わりの行動を教えると伝わりやすさが上がります。**

「○○してね」「○○しようね」――たったそれだけです。

実際に体験してみましょう！

では、さっそく実体験してみましょう。

ここから、この本の特殊なスタイルのはじまりです。「ちはっさく」は、普段の講座でもひたすら練習&実体験を繰り返します。この本でも、みなさんが実際に練習やイメトレをしてくだされば、講座と同様の効果が得られるはずです。

だから、文字を読むだけではなく、実際に体を動かしたり、声を出したり（難しければ心の中でしゃべったり）して、リアルな練習をしてください。

大丈夫ですよ。やっちゃいましょう。

では、はじめましょう。

今から筆者が、みなさんに3つの指示を出しますので、なるべく早く指示に従ってください。体を動かしてくださいね。いきますよ～。いきますよ～。

「座らないで！」

「口を閉じないで！」

「変なポーズをしないで！」

さあさあ、どうでしたか？

最初の「座らないで！」は、行動について話しているはずなんですが、わかりにくいですよね。たぶん、みなさんも一瞬戸惑ったはずです。「座らないで？　ん？　立てってことかな」と。

講座でこれをすると、受講者さんは早い人だと一瞬戸惑ってから、遅い人だと3秒くらいしてから立ち上がります。しかもみなさん、周りの様子をうかがいながら不安げに立ち上がります。

では、**なぜこれがわかりにくいのかというと、「○○しないで」という否定形だから**です。

「ちはっさくカード」を見てください。赤カードに「否定形」がありますねー。否定形だと、「今していることがだめだ」という情報しかないので、「では、何をすればいいのか？」を考えないといけません。大人でも戸惑うわけですから、子どもであればもっと時間がかかるでしょうし、答えを出せないかもしれません。

要するに、伝わりにくいんです。だから、「○○しないで」という否定形は、親御さんが疲れるオチにつながります。

一方、「○○してね」という肯定的な言い方だと、何をすればいいかという情報がストレートに入っているので、言われたほうはわかりやすいです。**「座らないで」ではなく、「立って」と言われたほうがシンプルでわかりやすい**ですよね。

そして、私が3つ目の指示で言った「変なポーズをしないで！」は、「変なポーズをする」というあいまいな言い方と否定形の合わせ技です。

赤カードを見てください。「あいまい」、ありますねー。

あいまいな言い方は、会話が表面上は成立するんですが、内容は大して伝わっていないことがあるので、これまた危険です。

たとえば、スーパーでチョロチョロと動き回るわが子をつかまえて言います。

ママ「ねえ、ちゃんとしてよ。返事は?」
子ども「はい」

さあ、「ちゃんとする」って何でしょう。子どもは「はい」とは言ったけど、どんな行動をすればよいと考えているでしょうか? 危ないですよね。

ママと子ども、それぞれ何をイメージしているのかがわからない。でも、「ちゃんとしてよ」→「はい」と約束が成立しているので、子どもが望ましい行動ができないと、ママが「さっき、『ちゃんとして』って言ったでしょ! いい加減にしてよ!」

と怒ることになったりします（おまけに、「いい加減にする」っていうのもあいまいです）。

話を戻して、この「変なポーズをしないで」は、あいまいと否定形の合わせ技なのでそりゃあわかりにくく、講座内でこの指示を出された受講者さんたちは混乱して「シエーッ」のポーズをする人が続出するのでした……。

そんなわけで、**子どもの問題行動に対して注意をするときは、「○○してね」と肯定的な表現で「代わりの行動」を伝えましょう**、ということでした。

練習タイム！

それでは練習をしてみましょう。それぞれの場面設定に合わせて、「○○してね」と言ってください。心の中でつぶやいてもよいのですが、できれば声に出して言ってみてください。練習は体で覚えるものです。

以降の練習に登場する子どもは太郎くん、４歳の設定でいきます。

※　**この本でやりたいことは、基本的な対応方法の練習**、つまり、まずは基礎練です。「うちならこれは叱らない」といった価値観の問題には踏み込まずに、ひたすら基礎練だけをします。なので、みなさんのご家庭の価値観やルールと合致しないところがあってもそこはスルーして、「仮にそういう設定だったとしたら、お題になっている対応方法をどう使うか」という観点で基礎練をしていってください。

また、みなさんのお子さんが小中学生であっても、基礎練が大事ということに変わりはないので、「そんな時期があったなあ」と思いながら練習してみてください。**たくさん練習すれば、みなさんのお子さんへの対応力は少なからず上がるはずです。**

こんなとき何と言う？ 1

ショッピングカートの上に立ち上がった！

４歳の太郎くんとスーパーに行きました。太郎くんが「カートに乗りたい」と言うので、ママは「よっこらしょっ！」とカートに乗せてあげました。

しかし、果物コーナーを過ぎて、野菜コーナーに着いたときに太郎くんは飽きてしまい、カートの上で立ち上がってしまいました。

そこで、カートの上で立ち上がったことに対して、太郎くんに代わりの行動を教えるとします。

さあ、太郎くんにシンプルに「○○してね」と、代わりの行動を教えるとしたら何と言いましょうか。

「青カード」のためのヒント

64ページの答えだけを見ると、子どもに伝える内容が簡単すぎて、その効果を疑ってしまうかもしれません。でも、想像してみてください。もし、ここまでの説明を受けないまま、日常生活の中で「元気な4歳児による、カートの上での立ち上がり事件」が起きたとしたら、みなさんは何と言いそうですか？

さあ、赤カードを眺めてみてください。たとえば、こんな感じになったりしませんか？

「ねえ、何やってるの！　立たないで！　ちゃんとしてよ！　昨日も言ったでしょ。何回言ったらわかるの？　わざとやってるの？　悪いことをしたからお菓子は買わないよ。これ以上言うことを聞けないなら置いて帰るよ。だいたい、カートから落ちたらどうなるかわからないの？　子どもは頭が重いから、頭から落ちるんだよ。頭をケガしたら大変なんだよ。また病院に行くの？　病院に行ったらこの後、公園で遊べなくなるよ」と。

さらさらっと想像で書いても、あっという間に赤カードの8つを制覇できてしまいました。怖いですねー。

前にも書きましたが、赤カードの内容は思わず言ってしまうことです。「言ったらダメ」というわけではないのですが、子どもに伝わりにくいため、がんばって赤カードを使っても親がしんどくなるオチにつながる可能性が高いものです。なので、**なるべく伝わりやすい青カードの対応を増やしていきましょう**、ということなのです。

あと、もちろん今の場面で「座ってね」と言ったからといって、子どもが「うん、わかった」と言ってすんなり座る可能性は大して高くはないと思います。子どもが抵抗することも十分にあり得ます。

ですが、**少なくとも「何やってるの！」と言うよりかはマシです。**口先での言い方を変えるだけで、うまくいく可能性が少し上がるのであれば、「座ってね」と言っておいたほうがお得ですよね。

こう
言えたら
OK!

「座ってね」

※「こう言えたらOK!」は回答例なので、方向性が合っていれば大丈夫です。「唯一の正解」なんてないので、細かいことは気にしないでください。

こんなとき何と言う？ 2
お菓子売り場へ猛ダッシュ！

1の場面の続きです。ママは太郎くんをカートから降ろしました。そしたら太郎くんは、お菓子売り場へ走って行きました。ママは太郎くんをつかまえて、冷静に「○○してね」と伝えるとします。

さあ、何と言いましょうか。選択肢はいくつもあるので、思いついたものを迷わず言ってください。

「青カード」のためのヒント

練習のはじめにお伝えしたとおり、価値観には触れずに基礎練をしていきますので、ここでは「○○してね」と言えればそれでＯＫです。

こう
言えたら
OK！

「お店の中では歩いてね」
「ママのそばを歩いてね」
「お菓子を見に行きたいときは、ママに『お菓子を見に行きたい』と言ってね」　などなど

次は難しい練習です。
難しいので、よい案が出なくても気にしないでください。

こんなとき何と言う？ 3

売り物のイカの目を押して遊んでる！！

太郎くんと買い物を続けて、魚介売り場に着きました。そして、ママが一瞬目を離した隙に、太郎くんはパック詰めされたイカの目をゆっくり押しました。商品は傷んでいませんし、ラップも伸びたりはしていません。

責任の取り方は置いておいて、太郎くんに「○○してね」と代わりの行動をシンプルに伝えるとしたら、さあなんて言いましょうか。

「青カード」のためのヒント

はい、これは難しいですね。プロ向けの研修でも、プロが考えに考えても、「触らないで」しか出てこないときもあります。

日常生活の中では、「○○してね」という代わりの行動がさっと出てこないときがけっこうあるんですよ。

でも大丈夫です。普段の講座でも、2回目、3回目になるとママたちも慣れてきて、代わりの行動をすらすらと言えるようになってたりします。

だから、**今はすぐに代わりの行動が思い浮かばなくても気にしないでください。**練習と実践あるのみです。

一方で、今のような場面で、**「○○しないで」しか浮かばない場合、しつけとしてはかなり伝わりにくい**ということをぜひ知っておいてください。

親御さんは、「次からは○○するんだよ」という代わりの行動が浮かばなくて、「触らないで」としか子どもに伝えられなかった。それを受けて、子どもが「よし、次からは見るだけにすればいいんだな」と理解するというのは現実的ではありません。

子どもが親御さんから「触らないで」と言われて、「うん」と答えても、どのような代わりの行動をすればよいのかはわからないままなので、次回も同じような問題行動を起こす可能性は残るわけです。

問題行動があったのであれば、**「その行動は違うよ。次からはこういう『代わりの**

行動』をするんだよ」と教えるのがシンプルでわかりやすいです。

「理由を教える」「反省させる」といった追加の選択肢もありますが、いずれにせよ、話の核となるのは「代わりの行動を教える」です。

こう言えたらOK！

「イカは見るだけにしてね」
「商品を見るときは、手を体の横につけて見てね」
「商品は『気をつけ』して見てね」
「触っていいか聞いてね」など

こんなとき何と言う？ 4

リモコンを足の指で操作！

太郎くんは、リビングの床に座ってテレビを見ていました。

そして、チャンネルを変える際に、床に置いてあるリモコンのボタンを足の指で押しました。

ここで太郎くんに「○○してね」と注意するとします。では何と言いましょうか。


こう言えたらOK！


「リモコンのボタンは手で押してね」

「リモコンを押すときは手を使ってね」

こんなとき何と言う？ 5

「トレーを持ちたい！」と主張してきた

ママと太郎くんの二人でファーストフード店に行きました。ハンバーガーセットを注文して、ママが商品の載ったトレーを持つと、横にいた太郎くんが「僕が持つ！」と主張してきました。

ママとしては、ジュースの載っているトレーを太郎くんが持つのはまだ難しいと思い、太郎くんに「トレーはママが持つね」と伝えました。それでも太郎くんの主張が続くので、ママは太郎くんと店の隅に移動しました。

今の時間はほかのお客さんもほとんどおらず、落ち着いて話ができる環境です。

では、ここで太郎くんに「○○してね」と代わりの行動を教えるとしたら、何と言いましょうか。どうぞ。

「青カード」のためのヒント

太郎くんがお手伝いをしようとしたことは活かしたいですよね。となると、赤カードで「ダメ！」とか「わがままを言わないで！」と叱るよりも、肯定的に「◯◯してね」と伝えたいところです。

それによって、次回から太郎くんがファーストフード店で何かしらの役割を担ってくれるとママもラクになりますし、太郎くんの自立をちょっとだけ進めることにもなります。

たとえば、荷物が多いときや下の子の世話もしないといけないとき、太郎くんがトレーを持ってくれたら、席を取ってくれたら、食べ終わった後の片づけをしてくれたら、ずいぶんと助かります。**子どもの主体的な望ましい行動は増やしておきたい**ですよねー。

もちろんしばらくの間は、太郎くんに手伝ってもらうことで結果的にママの手間が増えることもあるでしょうけど、太郎くんの手伝いを増やしていくことは**ママと太郎**

くんの未来に対して「割のよい投資」になります。

こう言えたらOK！

「トレーはママが持つから、太郎くんはママと歩いて席を取る係をお願いね」
「じゃあ、ジュースはママが持つね。太郎くんはトレーを持ってね」
「今はママがトレーを持つけど、食べ終わって片づけるときは太郎くんがトレーを運んでね」

あと、今のような場面では「代わりの行動」を子どもに伝えるだけではなく、親子の約束として「今後はこういうふうに行動しよう」と子どもと一緒に決めておく選択肢もあります。やることは簡単です。

○親子で約束する例

ママ「（ハンバーガーを食べながら）太郎くん、今度からもママがジュースを持ったら、太郎くんがトレーを持ってね。あと、席を見つけて座る係もお願いしたいんだけどいい？」

太郎「いいよ！」

ママ「じゃあ、太郎くんはトレーと席の係だね♪」

太郎「うん！」

こうしておくと、**子どもには「ここではこういう行動をする」ということがわかりやすく、決められた行動をすれば親御さんからもほめられ、いっそう望ましい行動がしやすくなります。**そして、親御さんも叱る回数を減らせます。

ということで、青カードの1枚目は「代わりの行動を教える」でした。

とりあえずは赤カードを避けて、「○○してね」と代わりの行動について明確に話していただければ十分です。

口先のちょっとの差なんですよ。子どもに伝わりやすいように話して、子どもが望ましい行動をできるように仕向けて、結果としてみなさんがラクになれればそれでいいんです。

ちなみに、ここまでに出てきた「行動について話す」とか「代わりの行動を提示する」といったことは、子育て関係のプロだと「研修で聞いたことがある」という人がいくらかはいるネタなのですが、**一般の親御さんはほとんど教えてもらっていない**んですよね……。

このギャップがもったいないなあと思っています。

第2章

「一緒にやってみる」

じゃあ、一緒にやってみよう

次は、青カードの2枚目、「一緒にやってみる」です。

これは簡単です。「代わりの行動」を教えたあとに、「じゃあ、一緒にやってみよう」とつけ足すだけです。


「一緒にやってみる」には、次の2つの選択肢があります。

1 一緒に練習・・

事前に「一緒に練習」します。

たとえば、謝るのが苦手な子に、「こういうときは、『ごめんなさい』って謝るんだよ」と代わりの行動を教えたあとで、

「じゃあ、一回、ママに『ごめんなさい』って言ってみて。そうそう、ごめんなさいが言えたね」と、事前に練習するというものです。

2　一緒に本番・・

こちらは、そのまま本番の場合です。

「こういうときは、『ごめんなさい』って謝るんだよ。じゃあ、今からママとお姉ちゃんのところに行って、『ごめんなさい』って謝ろう」となります。

「代わりの行動」を具体的に伝えるのは大事なのですが、**言葉だけで伝えるのは限界があるので、実際に子どもと一緒に練習か本番をやってみる**というわけです。

○例

ママと太郎くんとでお風呂に入ろうと洗面所に来ました。太郎くんは普段、脱いだ服を洗面所の床にポイポイッと投げ、楽しい風呂場にさっと入ります。

今日も太郎くんは、風呂場のおもちゃで遊びたくてウズウズしています。

ママは、そろそろ太郎くんに脱いだ服の片づけ方を教えておこうと思い、太郎くんに言いました。

ママ「太郎くん、脱いだ服はそこのカゴに入れておいてね」
太郎「はーい！　早くお風呂に入ろうよ！　今日は船で遊ぼうかな」

さあ、この場面。太郎くんが脱いだ服をカゴに入れる可能性は高いでしょうか、それとも低いでしょうか。できるかもしれないし、できないかもしれない。まあ、ちょっとあやしい感じがしますよね。

ここで、一緒にやってみるわけです。こんな感じになります。

ママ「太郎くん、脱いだ服はそこのカゴに入れておいてね。**じゃあ、今から一緒にやってみようか。**
まずは服を全部脱いで……、そうそう。で、そう。カゴに入れるの。できたじゃん。えらいえらい」

言葉で伝えるだけより、実際にやったほうが子どももイメージしやすいし、その場で親子ともに成功体験を積むことができます。

また、**子ども一人でさせるよりも、親子で一緒にしておいたほうがトラブルが起きにくく、安全です。**親御さんとしても、せっかく教えているのに、子どもに違うことをされて叱る羽目になるのは避けたいじゃないですか。

○例：一緒にやらないと……

ママ「太郎くん、ママは着替えを持ってくるから、その間に裸になって、脱いだ服をそこのカゴに入れて待っててね」

太郎「はーい」

↓ママが戻ってくると、服は床に脱ぎっぱなしだった。

ママ「太郎！　何度言ったらわかるの！」

一緒にやっておいたほうが安全ですし、建設的な流れに持っていきやすいです。面倒ですが、投資です。子どもがうまくできるように少し丁寧に対応しておいて、できたらほめて、できる頻度を上げていきます。**結果として、親御さんの子育ての効率を少し上げつつ、子どもの自立を少し促す感じになります。**

あと、**実際にやってみることで、親御さんが教えた行動を子どもができる段階にあるのかを確認できます。**

親としては、「これくらいできるだろう」と思って子どもにあれこれ教えるわけですが、フタを開けてみると「まだ早かった」ということもけっこうあります。

本番でできないと、ついイラっとしてしまいますが、とりあえず一緒にやってみたという段階であれば、「まあ、まだ早かったか」と引き返すことができます。

◯一つずつ一緒にやってみる例

ママ「トイレでおしっこをしたあとは、水を流して、トイレのフタを閉めて、ドアを閉めて、電気を消して戻ってくるんだよ。**じゃあ、一緒にやってみよう**」
太郎「水を流して、ドアを閉めて……、何だっけ？」
ママ「（あー、ちょっと欲ばりすぎたか……）**じゃあ、一つずつやっていこう**」

さあ、「一緒にやってみる」の練習をしてみましょう！

練習タイム！

こんなとき何と言う？ 1

テントの入口で転んじゃいそう……

太郎くん一家はキャンプデビューしました。ママはテントの入口を見て、「これ、うちの太郎くんは足を引っかけて転ぶだろうな……」と予感しました。

なぜかというと、テントの入口は砂や泥がテント内に入らないように、10～20㎝くらい地面から高くなっているんです。

だからママには、ウキウキの太郎くんがテントの中に走って入ろうとして、豪快に転ぶ未来が見えたわけです。

そこでママは太郎くんに、「〇〇するんだよ」と「代わりの行動」を教えつつ、「一緒にやってみる」も実践することにしました。

それでは、この順番で練習をどうぞ。

①「代わりの行動を教える」↓
②「一緒にやってみる」↓

「青カード」のためのヒント

「一緒にやってみる」は簡単ですよね。子どもに「代わりの行動」を伝えたら、それをさっそく一緒にやってみるだけです。

テントが目の前にあって、入口に入るのはすぐにできることなので、ささっと「一緒に本番」でチャレンジとなります。

このテントの入口の例は、筆者の実体験がもとになっています。うちの子どもたちが6歳と4歳のときに初めてテントを買ったのですが、筆者はテントの入口が高くなっているのを見て、「これは、うちの二人は転ぶだろうな」と思ったんです。

だから二人には、「テントの入口で足が引っかかるかもしれないから、歩いて入ってね」と丁寧に伝えて、二人とも「はーいっ！」と元気よく返事をしました。

しかし……、その直後に二人とも入口に足を引っかけて、テントの中に飛び込んでいました……。

行動についてわかりやすく具体的に伝えることは大事ですが、それだけでは伝わりにくいこともあります。また、子どもががんばって親御さんの話を聞いて、理解をしようとしても、子どもの力ではイメージしきれないこともあります。

なので、ほんのひと手間。「一緒にやってみる」のが大事なんですよー。

こう言えたらOK！

①「テントには歩いて入ってね、ここをまたぐんだよ」

②「じゃあ、一緒にやってみよう」（太郎くんと一緒にテントに入る、もしくは、太郎くんがテントに入るのを見守る（※））

※状況によっては、「一緒にやってみる」は「見守る」形になることもあります。

こんなとき何と言う？ 2

また手を洗っていない！

最近、太郎くんは外出先から帰ってきたときに、手を洗わないことが続いています。今日も太郎くんは買い物から帰ってきて、玄関からリビングに直行しておもちゃで遊びはじめました。

では、リビングで遊んでいる太郎くんをつかまえて、「代わりの行動を教える」と「一緒にやってみる」をお願いします。

①「代わりの行動を教える」↓

②「一緒にやってみる」↓

「青カード」のためのヒント

今回の「一緒にやってみる」の例では、「シンプル版」と「丁寧版」を紹介します。丁寧版のほうが効果は高いですが、手間もかかります。

両者の使い分けは、**初めてのときは丁寧版、たまに問題が起きるときはシンプル版、問題が続くときはあらためて丁寧版**、となるかなあと思います。

あと、丁寧版のミソとしては、帰宅してから手を洗うところまで一連の流れで「一緒にやってみる」を実践しているところです。

みなさんがこの本で生々しい練習をすると実践の可能性が高まるのと同様に、**子どももリアルな流れで練習をするとイメージがわくし、体で覚えるので成功率が上がります。**

こう
言えたら
OK！

①「外から帰ってきたら手を洗うんだよ」

②【シンプル版】

「じゃあ、一緒に洗面所に行って手を洗うよ」

【丁寧版】

「じゃあ、まず玄関の外まで行くよ。はい、玄関に入って。『ただいまー』って言って。そうそう。靴を脱いで。洗面所に行くよ。はい、じゃあ手を洗おう」

こんなとき何と言う？３

戦隊番組を見せると、いつもこうなる……

太郎くんはテレビを見ていると、ソファから立ち上がってテレビに近づいてしまいます。

今日も、太郎くんがお気に入りの戦隊番組を見ていて、ヒーローが活躍する場面でテレビの前に行ってしまいました。

では、ここで太郎くんにさらっと、「代わりの行動を教える」と「一緒にやってみる」をお願いします（テレビに夢中な太郎くんですが、「テレビを見るためであれば、ママの言うことを素直に聞ける」という設定にしておきます）。

①「代わりの行動を教える」↓

②「一緒にやってみる」↓

こう
言えたら
OK！

①「太郎くん、ソファに座ってテレビを見てね」

②「はい、ソファに座るよ」

こんなとき何と言う？４

傘の持ち方が変で、体がびしょびしょに

小雨が降っていたので、ママと太郎くんは傘をさして歩いていました。太郎くんは傘の持ち方が安定せず、傘を斜めに傾けたり、真横に向けたりするので体が濡れてしまいます。

では、太郎くんに「代わりの行動を教える」と「一緒にやってみる」をお願いします。

①「代わりの行動を教える」→

②「一緒にやってみる」→

「青カード」のためのヒント

今回は、「言葉で説明するより、一緒にやってみたほうがわかりやすい」という良

い例です。
傘の持ち方についての説明をがんばるよりも、「傘は体の前！　縦に持つ！　はい、やってみて。もうちょっとこうやってまっすぐ持って。そうそう、ＯＫ！」と一緒にやったほうが子どもに伝わりやすく、親としてもラクです。

こう言えたらOK！

①「傘は体の前で、まっすぐ縦に持つんだよ」
②「じゃあ、やってみて」

第3章

「気持ちに理解を示す」

○○だよね、わかるよ／○○なんだね

ママー
ヘビ飼いたいー！
はあー!?
あのシューっ
として
ニョローっと
したヤツ!?
飼いたい
飼いたい!!
ムリ!!
うむむむ・・・
ならば・・・
こんな時
なんて返せば
・・・・・・
ママは
マングースを
飼う！
いい
よ！
シャー
ペット
代理戦争!!

青カードの3枚目は、「気持ちに理解を示す」です。

子育て講座や育児本でよく言われる「子どもの気持ちに寄り添いましょう」「子どもの立場で考えましょう」といった超おなじみの総論・正論を具体的な行動にしたものがこれです。

「気持ちに理解を示す」には、「共感」と「復唱」の2つの方法があります。

1　共感……「○○だよね、わかるよ」

子どもの気持ちに共感できそうなら、「○○したいよね」とか「○○だよね、それはわかるよ」と言って、子どもの気持ちに理解を示します。

●「共感」を体験してみましょう

ここでは、本を読んでいるみなさんに子ども役をしてもらいます。子ども役をすると、子どもの視点を体験できてこれまたいいんですよ。

みなさんは太郎くん役です。ぜひ、太郎・4歳になりきってください。

ママ友からお土産で、小さな箱に入った生チョコをもらいました。おやつの時間にその生チョコをママと太郎くんで食べました。

おいしいおいしい生チョコはあっという間になくなり、パパの分に残しておく1個だけになりました。そして太郎くんは、最後の1個も食べたいと主張します。

ここでは、みなさんが太郎くん役です。みなさんに対してママが共感してくれます。みなさんは太郎くんになりきって、太郎くんの視点でその場をイメージしながら、次のページの太字部分を声に出してゆっくり読んでいってください。

ダダをこねてもママに共感される太郎くんの気持ちを少しでも実体験してほしいんです。それじゃあ、いきましょう。

太郎「生チョコもっと食べたい！」
ママ「う〜ん、わかるよ。食べたいよね。でもこれはパパの分だから片づけよう」
太郎「パパの分も食べたい！」
ママ「食べたいよね、確かにおいしかったもんね」
太郎「食べたい！」
ママ「食べたいよね、わかるよ、すごくわかる」
太郎「食べたい！」
ママ「そうだよね、食べたいよね、でもパパの分だからしまっておこう」
太郎「食べたぁーい！」
ママ「食べたいよね、わかる。ママももっと食べたいよ。でもしまっておこう」
太郎「食べたい」
ママ「食べたいね。じゃあ、一緒に冷蔵庫に入れよう」
太郎「……。（しぶしぶ冷蔵庫に運ぶ）」
ママ「太郎くんえらい！　抱っこしてあげる！」

さあ、共感される子ども側の気持ちをいくらかは体験できたでしょうか。ママが共感してくれると、「まあ、自分の気持ちを少しはわかってもらえているみたいだから、しょうがないか」と思えたりしたでしょうか。

普段の講座では、今のやり取りを二人一組で行って、ママ役・子ども役の両方を体験してもらいます。その後で親御さんたちに、「子ども役をしたときに、ママ役の話を『ちょっと聞いてやろうかな』と思えた人は手を挙げてください」と聞くと、8～9割の人が手を挙げます。ちょろいもんです。でも、そういうことなんです。

大人も子どもも「ダメ」と言われたり、行動を止められたりすることは嫌なわけですが、その前置きとして気持ちに共感してもらえると「少しは相手の話を聞いてもいいかな」と思えることがあります。

だから、**子どもを止めるとき、叱るときには、共感してから本題に入ると親がしんどい思いをするオチを減らすことができます。**これもあくまで可能性の話ですが。

今の共感の話は、子育て以外の分野でもおなじみのネタです。

デート術でいえば、「相手が『困っている』という話をするのであれば、『困っている気持ち』に共感しましょう。困っている問題を解決するために原因の分析をはじめるよりも、相手の気持ちに共感することが大事です」なんてよくあるネタです。

ビジネス書でも、共感ネタはチラホラ見かけますし、クレーム対応の研修だと共感ネタがたいていてい出てきます。

※　共感をしてもうまくいかない場面もあります。今の「生チョコをもっと食べたい」の例でいえば、「食べたいよね」と言われたことで太郎くんの食べたいモードがヒートアップして余計に炎上する場合もあります。
ほかの青カードも含めて、どんな状況でも絶対にうまくいく方法なんてないので、たくさんチャレンジして、みなさんのご家庭に合ったやり方を模索していってください。

青カードは、まずは使ってみて、効果がありそうなら引き続き使っていってくださ

い。これまでにさんざん大事だと言われてきている子育てネタから青カードを選んでいるので、「まったく効果がない」ということは考えにくいですが、「使う・使わない」や「使い方」はみなさん次第です。

私にできるのは、みなさんが青カードを使う頻度を上げられるよう練習する機会を提供することです。

2 復唱……そのまんま、「◯◯なんだね」

状況的に子どもの気持ちに共感できないときは、復唱をオススメします。

復唱は簡単です。**子どもが「◯◯だ」と言ったことについて、そのまんま「◯◯なんだね」と繰り返します。**

たとえば、子どもが「公園に行きたい」と言うから出かける準備をしたのに、玄関で子どもが「靴を履かない！」と言い出したとき。共感できるのであれば「靴を履きたくないんだね、わかるよ」になりますが、共感できないのであれば「靴を履かないんだね」と復唱します。

子どもが言ったことを、そのまんまオウム返しするだけです。

「靴を履かない！」→**「靴を履かないんだね」**

復唱することで、**子どもの話を一応受け止めることができます**し、その間に、親御さんが建設的な話をするために**「何を話そうかなぁ」と考える時間を少しつくれます。**

また、子どもの言葉を復唱することで、少しだけ子どもの視点に立つことができる場合があります。

○例

ママ「**靴を履かないんだね、そうかぁ……**（まあ、まだ一人で靴を履くのはうまくできないから、太郎もイライラするのかなぁ）」

あとは、**復唱することで、余計なことを言ってしまう可能性も減らせます。**

◯例

・復唱せずに、ママが間髪入れずにカウンターを繰り出すパターン

太郎「靴を履かない！」

ママ「何言ってるの！　あんたが公園に行きたいって言うから用意したんでしょ！」

・復唱で時間を稼ぐパターン

太郎「靴を履かない！」

ママ「**靴を履かないかぁ……。そうかぁ**（ふぅ、この状況どうしようかな）」

注意点として、復唱は親の感情が乗っかると赤カードの「いやみ」になってしまうので、**いかにフラットに言えるかがポイント**になります。

○例：感情が乗ってしまった復唱

ママ「へぇーー、靴を履きたくないんだぁ」

そうなんです。青カードと赤カードの違いは、ほんの少しの差なんです。少し感情的に話した、少しきつい言い方をした、それだけで同じような文言でも、赤カードの方向になってしまうんです。怖いですねー、難しいですねー。

でも、大丈夫です。練習しとけばどうにかなりますから。

時間と気持ちに余裕があるときだけでＯＫ！

それと……、そろそろお気づきかと思いますが、この本に書いてあるようなアプローチは時間と気持ちの余裕があるときしかやってられません。

朝の忙しい時間で、あと10分後には出かけないといけないのに、子どもはごはんが終わらないし、着替えも終わっていない。自分も化粧が進まなくて眉毛が半分しか描けていない。

そんなときに、「ごはんを食べたくない、チョコレートがいい」とグダグダ言う子どもに、「チョコレート食べたいよね、わかるよ」……なんて言っていられないですよね。そんな状況で無理をしたら、爆発してしまいます。

だから、**時間と気持ちに余裕があるときだけ使ってください。**

子どもが何か問題行動をしたときに、親御さんのほうも「これ、青カードのどれで対応しようかな。また時間を取られそうだけど、まあやってみるか」と思えるくらいのときが実践のタイミングです。

実践してみて、「子どもに伝えられた」→「子どもも教えられた行動ができた」→「ほめて終わった」ということが増えていくと、親も子も肯定的なやり取りに慣れていいって、朝の難しい時間でも少しずつ対応できるようになっていきます。

急激に変わるものではないので、ぜひ親子の成功体験を一つずつ積み上げていってください。

青カードを使ってもうまくいかない場面はいっぱいあるので、うまくいかなくても気にしなくていいです。反省とか後悔はなしでいいですよ。

実践していれば、そのうちうまくいく頻度が上がりますから。

ちなみに、カバー（表紙）イラストのような状況では、次のように言えるといいでしょう。


こう言えたらOK！

「ゲームを早くやりたい気持ちはわかるよ。でもね、ゲームをやる前にパジャマを着てね」

練習タイム！

「気持ちに理解を示す」の練習は簡単なので、さらさらっといきますよ。

こんなとき何と言う？１

「犬を飼いたい！」と主張してきた

ママと太郎くんは、買い物中に立ち寄ったペットショップで犬と猫を見ました。太郎くんは動物好きなうえに、今日はとびきりかわいい子犬がいたため、ママに「どうしてもこの犬が欲しい！」とねだりました。

ママとしても、太郎くんが欲しいという子犬はとてもかわいらしく、「（飼うとしたら家のどこに犬のケージを置けばいいかな）」と一瞬考えたくらいだったのですが、それでも「（……今は、犬なんて飼えない！）」と踏みとどまりました。

ではこの状況で、太郎くんに共感しながら、「そろそろ帰るよ」と伝えるには、まずはどのように共感（「～だよね、わかるよ」）を伝えればよいでしょうか。

こう
言えたら
OK！

「かわいいよね、わかるよ」
「太郎くんはこの子犬が飼いたいんだよね、その気持ちはわかるよ」
「飼いたいって思うくらいかわいいね」

今の共感の言葉に「そろそろ帰るよ」をつけ足すと、次のようになります。

「かわいいよね、わかるよ。じゃあ……、そろそろ帰ろうか。ね～、かわいかったよね～。はい、じゃあ手をつないで」

こんなとき何と言う？ 2

今度は、ハムスターだと……

1の続きです。今日もまた太郎くんの希望でペットショップに来ました。ママのウィンドウショッピングに太郎くんはつき合ってくれているので、ママとしても太郎くんが希望するペットショップに行かざるを得ません。

しかし、ペットショップに来ると、「これ飼いたい！」となりがちです。そして案の定、「このハムスターを飼いたい！」となりました。

今日は、前回の子犬のときと違って、激しく駄々をこねそうです。太郎くんは、「ハムスターは犬より安い、犬より場所を取らない、犬より世話は簡単で幼稚園でも飼っているから自分でも世話ができる」とジャブを打ってきます。ママとしても、太郎くんの気持ちはわからなくもないです。

ではいきます。太郎くんの強固な駄々こねが起きそうなこの場面で、「ハムスターは飼わないよ」と伝える前に、太郎くんの気持ちにはしっかりと共感しておくとしたら、どのように「～だよね、わかるよ」と伝えればよいでしょうか。

「青カード」のためのヒント

太郎くんの気持ちに共感する言葉を口にすることで、ママのほうもいくらかは太郎くんの立場で考えることができます。

内心は、「『犬だ』『ハムスターだ』って、うちで飼えるわけないでしょ」と思っていたとしても、「太郎くんが幼稚園でハムスターを見ていて飼いたくなる気持ちはわかるよ」と口にすることで、ママも「(あー、私も子どもの頃にインコが飼いたいって、こうやって親にお願いしたなあ)」と思えることもあります。

ここでの共感は、軽く共感するのであれば、「かわいいよね」程度の表面に対しての共感になります。

深く共感するのであれば、「わかる、太郎くんは◯◯だと考えているんだよね」というように、**「あなたがそう考えていることを私はわかるし、その気持ちを理解できるよ」**となります。

子どもの駄々こねが強い場合は、共感できたとしても、親として譲れないものは譲れないので、

「あなたの気持ちはわかる。でも、今は○○だから○○しよう」

となります。

共感して子どもの気持ちは受け止めながら、ブレずに対応していきます。

こう言えたらOK!

「太郎くんがハムスターを飼いたいって気持ちはわかるよ」
「ハムスターを飼いたいんだよね、わかるよ。犬よりは小さいから、飼いやすそうって思うんだよね」
「そうだよね、太郎くんは幼稚園でハムスターを見てるから、自分でもお世話できそうって思うんだよね。それはわかるよ」

こんなとき何と言う？ 3

へ、ヘビを飼いたいだって……!?

さらに、2の続きです。

今日もまたまたペットショップに来てしまいました。ひととおり店内を見て、そろそろ帰ろうという場面で、太郎くんが「飼いたい」と言ってきたのはヘビでした。

太郎くんは、ママがヘビは苦手であることを知っているので、ヘビを買ってもらえる可能性は低いことをわかっていて、軽めに「ママ、ヘビを飼いたいんだけど」と言ってきました。

ママとしては、ヘビに関してはまったく共感できないし、太郎くんもママの気持ちを理解しているようだったので、さらっと「◯◯なんだね」と復唱して一応、太郎くんの気持ちを受け止めつつ、「そろそろ帰るよ」と伝えることにしました。

では、太郎くんの「ママ、ヘビを飼いたいんだけど」に対して、**さらっと復唱**してみてください。

「青カード」のためのヒント

共感できない場合は、子どもが言ったまんまのことをオウム返しします。

こう言えたらOK!

「ヘビを飼いたいんだね」

「そろそろ帰るよ」をつけ足すと、次のようになります。

太郎「ママ、ヘビを飼いたいんだけど」
ママ「あー、ヘビを飼いたいんだね。ママはヘビが苦手だから、うちではヘビは飼えないよ。じゃあ、そろそろ帰るよ」

こんなとき何と言う？ 4

チョコをこぼしちゃった

ペットショップネタは終わって、今度は自宅でおやつの時間です。今日の太郎くんのおやつは、プラスチックのケースに小さなチョコレートがたくさん入ったお菓子です。ケースを振るとケースの中でチョコがぶつかってシャカシャカと音が鳴るので、太郎くんは思わず振ってしまいます。

ママとしては、食べ物で遊ぶのはよくないと考え、日頃からシャカシャカを注意していたのですが、そして今、ママが目を離した隙に太郎くんはシャカシャカをしていたのですが、ちょうどママが注意しようと太郎くんの横に立ったとき、ケースのフタが開いて、チョコが派手に飛び散りました。

奇跡的にママはギリギリ冷静ですが、太郎くんかママ自身が対応を誤るとママは爆発する可能性があります。ママとしては、「(チョコぐらい拾えばいいし、チョコが飛び散ったことでお菓子で遊んではいけないことがわかったはず)」と前向きに考えようとしています。

ここで太郎くんは申し訳なさそうに言いました。「チョコをこぼしちゃった」と。では、練習に入ります。「お菓子で遊ぶのはよくないでしょ。チョコがこぼれちゃったでしょ」という話は後で落ち着いてからするとして、今はとりあえず復唱だけをして、余計なことを言わないようにしようと思います。

さあ、「チョコをこぼしちゃった」に対して「復唱」をどうぞ。

「青カード」のためのヒント

ここで復唱することで、太郎くんの気持ちを受け止めるスタンスを取りながら、赤カードを出すのを回避しつつ、青カードでの対応を考える時間を稼ぐことができます。

運がよければこのままの流れでひと呼吸おいて、一緒にチョコを拾うとか、お菓子で遊ぶとどうしていけないのかを説明するとかにつなげることができます。

もちろん、毎回こんな対応はできなくてもいいですよ。少しでもうまくいく頻度が上がればいいだけです。

こう
言えたら
OK！

「そうだね……、チョコをこぼしちゃったね………（この後、どうやって対応しようかなあ）**」**

ちなみに、チョコが飛んだ瞬間に赤カードで対応すると、こんな感じになるかもしれません。

ママ「何やってるの！　だからチョコでシャカシャカしないでって言ってるでしょ！　わかんないの？」
太郎「シャカシャカしてない！」
ママ「シャカシャカしたでしょ！　ウソをつかないで！」

赤カードで対応すると、どうしても子どもを責める形になり、子どもの反抗的な態度を引き出してしまいます。

さらにその反抗的な態度を赤カードで叱ると、しんどい悪循環のはじまりです。

実は、今のようなママが爆発しそうな場面での対応は、青カード（特殊カード）の**「待つ」「落ち着く」「聞く・考えさせる」**を組み合わせて使うことになります。

「復唱だけでどうにかなりますよ。あとは気合いです」なんて言うわけではないので安心してください。


そんなわけで、「気持ちに理解を示す」は共感や復唱を使うことで、子ども側が「ママの話を聞こうかなあ」と思えたり、親御さん側が「子どもがそう思うのもわからなくはないなあ」と思えたりする可能性を少し高めてくれます。

また、親御さんが赤カードを使ってしまいそうなイラっとする場面でも、「気持ちに理解を示す」を使うことで前向きな流れに戻せることもあります。

「○○だよね、わかるよ」「○○なんだね」と言うだけで、ほかの青カードを使いやすくなるんですから、言わないともったいないですよね！

総合練習1（簡単版）

さあ、きましたよ。「ちはっさく」の醍醐味である「総合練習」！

ここでは、これまでに学んできた、「代わりの行動を教える」「一緒にやってみる」「気持ちに理解を示す」のカードをフル活用して練習していただきます。

とはいっても、ここはまだ易しい内容なので、安心してじゃんじゃん進んでください。

こんなとき何と言う？ 1

われ先にと、一人でトコトコ

太郎くん一家は、車で回転寿司店に行きました。駐車場に車を停めて、一家は店の入口に向かって歩きはじめたのですが、回転寿司が大好きな太郎くんはテンションが上がって、一人で先に歩いていこうとしました。

ママは「4歳児が駐車場を一人で歩くのはまだ早い」と考え、太郎くんをつかまえて、駐車場での歩き方を教えようとします。

太郎くんは家族から少し先行して歩いただけなので、緊急の場面ではありません。だから、落ち着いて話はできます。


ここで仮に、「気持ちに理解を示す」「代わりの行動を教える」「一緒にやってみる」の順で対応するとしたら、どのように対応しましょうか。

リアルな練習が大事なので、ぜひ声に出して太郎くんのママを演じてみてください。

①「気持ちに理解を示す」↓
②「代わりの行動を教える」↓
③「一緒にやってみる」↓

「青カード」のためのヒント

さあ、いかがでしたか？

あくまでも例として、筆者案や講座を受講したママたちのロールプレイでありがちなものを「こう言えたらＯＫ！」のところで紹介しますが、実際の対応は家によって違うので、細かなことは気にしないでください。**青カードが使えていればＯＫですよ。**

以降の練習では、「気持ちに理解を示す」については、指示がない限りは共感と復唱のどちらを使ってもよいです。**「共感できそうなら共感」「共感できなそうなら復唱」**、そのときに使いやすいほうをさっと使って練習していってください。

こう言えたらＯＫ！

①「早くお寿司が食べたかったんだよね、それはわかるよ」

②「でもね、駐車場は危ないから、ママと手をつないで歩いてね」

③「じゃあ、入口まで手をつないで歩くよ」

話は短く、シンプルに！

　ここで注意点があります。

　練習内容によっては、今のように筆者が青カードの選択や順番を指定することがありますが、これは練習を効率よく進めるために便宜上、指定しているだけです。

　本番では、**どの青カードを使うのか、どの順番で使うのかはみなさんの自由**ですし、使いにくいものは使わなくても大丈夫です。青カードを使う数も、1つだけでもいいし、5つでもいいです。それぞれのご家庭に合った使い方をしていただければそれでOKです。

　それと、講座でよくあるのですが、練習の初期ではみなさん、「丁寧に話そう」という意識が働いて、次の例のように話が長くなってしまう傾向があります。

◯話が長くてわかりにくい例

ママ「太郎くん、太郎くん。駐車場を一人で歩くと車がたくさん通るから危ないよ」
太郎「うん」
ママ「……。太郎くん。駐車場は車がたくさん走っていて危ないんだよ。太郎くんは、今、何してたかな？」
太郎「歩いてた」
ママ「そうだよね。一人で歩いていたよね。そうするとどうなるかな？」
太郎「？？」
ママ「太郎くんが早くお寿司を食べたい気持ちはよーくわかるよ。でもね、太郎くんが一人で歩いていて、車が急に来たらママはすぐには助けられなくて、車にひかれそうになったりするかもしれないでしょ。だからね、太郎くんが一人でも歩けるかなってパパとママが思えるまでは、駐車場ではママと手をつないで歩いてほしいの」

この例では「共感」や「代わりの行動」を使えているのですが、話が長いのでわかりにくくなっています。筆者は講座内で子ども役をすることが多いのですが、こういう長いやり取りになると、子どもになりきっている筆者は途中で集中力が切れて、話を聞く気力がガクンと減ってしまいます。

「長い説明」は赤カードです。わかりやすく伝えるには簡潔さが大事なので、思い切って話を短めにしてみてください。

もう1つおまけで、今の例の出だしは、「駐車場では車がたくさん通るから危ないよ」↓「うん」のやり取りではじまっていますが、これまた注意が必要です。

ママとしては、「危ないよ」の後ろに「だからママと一緒に歩いてね」というメッセージを込めているつもりですが、「一緒に歩いてね」の部分は省略してしまっています。

そうすると、子どもとしては「危ないから周りに注意して歩いてね。がんばって♪」と応援されているように受け取るときがあります。

青カードは省略せず、はっきりと簡潔に話しましょう。

こんなとき何と言う？ 2

タッチパネルにどうしても触りたい

回転寿司の続きです。店に入って、ママが受付のタッチパネルを操作しようとしたところ、太郎くんが「僕がやる！」と訴えてきました。

周りにほかのお客さんはいなかったので、ママは太郎くんを抱っこして操作させようとしたところ、太郎くんはママの説明も聞かずに、適当に画面上のボタンを押してしまいました。

ママはまだ気持ちに余裕があったので、いったん太郎くんを床に降ろして、タッチパネルの操作はどのようにすればよいかを教えることにしました。

さあ、「気持ちに理解を示す」→「代わりの行動を教える」→「一緒にやってみる」の順で対応するとしたら、どのように対応しましょうか。

①「気持ちに理解を示す」 ↓

②「代わりの行動を教える」↓
③「一緒にやってみる」↓

こう言えたらOK！

①「画面を押してみたかったんだよね」
②「次からは、ママが『ここを押して』って言ったところを押してね」
③「じゃあ、もう一度やってみよう」

こんなとき何と言う？ 3

「まだ帰りたくない！」……おなじみのアレです

太郎くんと公園に行きました。今日は出かける時間が遅かったので、いつもより公園で遊べる時間は短めです。

帰る時間になってママが太郎くんを呼んだところ、太郎くんは「まだ帰りたくない」と抵抗しました。今日のママは、たまたま気持ちと時間に余裕がありました。また、太郎くんも昼寝とおやつをすましていてコンディションは良いです。

そこで、ママは思います。「よし、時間を使ってもいいから、太郎くんの気持ちに共感して、太郎くんが納得して帰れるようやってみよう」と。


はい、そんなわけで、太郎くんの帰りたくない気持ちに大きく共感してあげながら、「えらい！　我慢して帰れる太郎くんかっこいい！」とほめて終われるように、太郎くんとの会話を進めてください。

声に出して練習をお願いします（今回は太郎くんとママの会話形式の練習です）。

太郎「まだ帰らない」

ママ ①［気持ちに理解を示す］＆［代わりの行動を教える］↓

太郎「もっと遊ぶ」

ママ ②［気持ちに理解を示す］↓

太郎「ブランコに乗りたい」

ママ ③［気持ちに理解を示す］＆［代わりの行動を教える］↓

太郎「遊びたい……」

ママ ④［気持ちに理解を示す］＆［代わりの行動を教える］↓

太郎「わかった……」

ママ ⑤［ほめる］↓

こう
言えたら
OK！

太郎「まだ帰らない」
ママ ①「まだ遊びたいよね。そうだよね。まあわかるけど、時間だから帰ろう」
太郎「もっと遊ぶ」
ママ ②「ねー、遊びたいよね。わかるよ」
太郎「ブランコに乗りたい」
ママ ③「そうだね。太郎くんはブランコが好きだもんね。わかるけど、今日は帰るよ」
太郎「遊びたい……」
ママ ④「遊びたいのはよくわかるよ。ね、今日は帰ろう」
太郎「わかった……」
ママ ⑤「えらい！ 我慢して帰れる太郎くんかっこいい！」

いっぱい共感できましたか？
「こんなんでうまくいくのかなあ」と思ったあなた。大丈夫ですよ。うまくいく可能

性が少しだけ上がります。ええ、ほんの少しです。でも、その少しの差があなどれないんです。

それに、もし今のやり取りがうまくいかなくて、最終的に泣きわめく太郎くんを抱えて帰るオチになったとしても、赤カードで挑むよりは親子のダメージは少ないですし、親子間での肯定的なコミュニケーションを積み重ねることができます。

そうすると、親子関係が良好になっていくので、次にトラブルがあったときの勝率が上がります。つまり、**青カードを使った場合、その場での対応がうまくいっても、いかなくても、どっちにしても未来につながる**んです。おいしい話ですよね。

そして何より、実践してみると、親御さんご自身の気づきがいろいろあると思います。講座の受講者さんたちも「振り返りタイム」でそれぞれの気づきについてよく語られます。

だから、うさんくさくてもとりあえずは、だまされたと思って実践してみてください。大丈夫です、やっちゃいましょう。

おまけで、先ほどの場面設定では、太郎くんは昼寝をして、おやつも食べたあとでコンディションがよい状況としておきました。ここは大事なポイントです。

私たちがどれだけ青カードでがんばっても、子どもの「疲れた」「眠い」「腹が減った」という状況に勝つことはできません。その場合は、**潔くあきらめてください。**

負けを認めるのも大事なことです。**練習して、実践して、3勝7敗とか4勝6敗くらいになれば御の字**なんですよ。

こんなとき何と言う？ 4

服を脱ぎ捨てて、パンツ一丁で遊んでる……

気分転換に一度、「赤カード」で対応してみましょうか。これはみなさん得意ですよね。:(^^)!

ママと太郎くんは砂場で遊んで帰ってきました。砂だらけの太郎くんを風呂に入れる用意をするため、ママは太郎くんに「玄関で待っててね」と言って家の中に入りました。

ママがささっとお風呂の給湯スイッチを押して、洗面所の散らかった洗濯物を片づけて、玄関に太郎くんを迎えに行くと……、太郎くんはいませんでした。リビングからやばい気配がします。リビングに行くと、太郎くんは砂だらけの服をソファに脱ぎ捨て、パンツ一丁でおもちゃで遊んでいました。

さあ、「赤カード」を眺めながら、赤カードで太郎くんを叱ってみましょう。使うカードや順番は指定しないので、お好きなように自由に、いきいきと赤カードで言ってみてください。どうぞ！

【対応例（赤カード）】

「ねえ！　何やってんの？　もういい加減にしてよ。さっき何て言われたの？　わざとやってるの？　もう砂場には連れていかないよ。どうして言うことが聞けないの？　そんなにママを困らせたいの？　ソファが砂だらけになってるじゃない。これどうするの？　誰が掃除すると思ってるの？」

青カードと比べると、赤カードは簡単ですよね。日頃、さんざん実践してきているわけですから、そりゃあ技術の習得レベルは高いですよね。

大丈夫ですよ。**青カードも同様に、練習と実践でレベルアップできますから。**そのうち青カードも簡単に使えるようになりますよ！

で、ここから本番です。

「玄関で待っててね」という言いつけを守れず、砂だらけの服をソファに脱ぎ捨てて遊んでいた太郎くんへの対応を、今度は青カードでやってみます。さあ、い

きましょう。

①「気持ちに理解を示す」↓
②「代わりの行動を教える」↓
③「一緒にやってみる」↓

こう言えたらOK！

①「太郎くん、遊びたかったんだよね。それはわかるんだけど」
②「ママに『玄関で待っててね』って言われたら、玄関でじっと立って待ってるんだよ」
③「じゃあ、玄関に戻るよ（玄関に移動）。もう一度言うよ、『玄関で待っててね』。そうそう、そうやってじっと立って待ってるんだよね。はい、じゃあ抱っこしてお風呂に行くよ」

今の例は、「玄関で待つこと」にポイントを置いたものでした。ほかにも、「砂だらけの服を脱ぐのならどこで脱げばよいのか」とか、「玄関で待ちきれないのならどうすればよいのか」を教える選択肢もあります。選択肢自体は価値観の問題なので、ここではどれでもよいです。

ここで押さえておきたいのが、**「一度に教える内容は1つにしておいたほうがよい」**ということです。もちろん、状況によっては2つ3つ教えることも可能ですが、複数のことを一度に教えると、子どもは「わかった」と言うけれど、実は情報量が多すぎて理解できていなかったなんてことが起きがちです。

たとえば、こんな感じです。

ママ「太郎くん、『玄関で待っててね』って言われたら、玄関でじっと立って待ってるんだよ。それと、砂だらけの服は玄関で脱ぐんだよ。脱いだ服はママにそっと渡してね。もし、玄関で待ちきれなくなったらママを呼んでね」
太郎「わかった！」

親御さ点では普通に説明をしただけのことですが、はたからこの様子を見ていと「ちょっと情報量が多いんじゃないかな……」と不安になりますよね。

しつけをする場面は日常のなかでたくさんあるので、一度に全部の勝負をしなくても大丈夫です。１つずつ押さえていきましょう。

それと、丁寧に青カードで対応しても不発に終わるときもたくさんあります。そんなときは、不発に終わったことを反省するよりも、**親御さんが確かに青カードを使って前向きなアプローチを試みたことに胸を張り、「自分はがんばった」とニヤケておいてください。**

そのアプローチは、親御さん自身にもお子さんにもプラスのものですから。

こんなとき何と言う？ 5

冷蔵庫に粘土をペタペタと……

太郎くんが台所で妙に静かにしていることに不安を感じたママ。様子を見にいくと、太郎くんは冷蔵庫の外側に100均で買った粘土をペタペタと張りつけていました。

ママが太郎くんに「何をしているの？」と聞くと、太郎くんは「粘土をしてるの」と答えました。

ママとしては怒っているわけではないのですが、太郎くんの行動には共感できなそうだったので、復唱から話をはじめることにしました。では、練習をどうぞ。

①「気持ちに理解を示す（復唱）」↓

[illegible]わりの行動を教える」↓

③「一緒に[illegible]ってみる」↓

「青カード」のためのヒント

共感できなそうだったら「復唱」です。

子どもが言ったまんまを返すだけです。

こう言えたらOK！

①「粘土をしてるんだね」

②「粘土で遊ぶのは机の上でだよ。一度、粘土をケースに戻すよ」

③「はい、ケースに戻して。そうそう、じゃあ机の上で遊ぶんだよ」

第4章 「環境をつくる」

キョリ・メセン・シゲキ

4枚目の青カードは「環境をつくる」です。

子どもに話す内容も重要ですが、それとは別の角度で、**子どもに話が伝わりやすい環境づくりも重要**なんです。親御さんがどれだけわかりやすい話をしても、周りの環境がよくなければ、子どもは話を集中して聞くことができません。環境がつくられていないと、結果的に親子ともに痛い目にあうことになります。

おそらくみなさんも、ほかの親御さんが難しい環境で子どもを一生懸命叱っているのを見て、「う〜ん。この状況では伝わらないんじゃないかな……」と思われたことがあると思います。

たとえば、人がたくさんいて騒がしいおもちゃ売り場や小児科の待合室とかで。

そこで、子どもに話が伝わりやすいように環境をつくるわけですが、やることは簡単です。

1 【距離】……なるべく子どもに近づく

・理想は手の届く距離（遠距離は危険）

2【目線】……目線の高さを合わせて、お互いに相手の目を見て話す

・しゃがんだり中腰になったりして、目線の高さを合わせる
（立ったまま話すと子どもは威圧感を感じるので注意）
・子どもが親の目を見るまで、環境づくりをがんばる

3【刺激】……子どもの目や耳などに入る余計な刺激を減らす

・落ち着いた声で話す
・場所を変えたり、子どもの向きを変える

ありがちな例として、台所でごはんをつくっているママが、居間で電車のおもちゃを走らせて遊んでいる子どもの背中に向かって、「ごはんできたよー！　片づけてー！」と叫ぶわけです。

それがダメだと言っているわけではないんですよ。ただ、伝わりにくいんです。距離、目線、刺激について1つずつ見ていきましょう。

1　距離

台所にいるママから居間で遊ぶ子どもまで数メートル離れていて、近くはありません。遠距離です。

遠距離だと、子どもに声が届かないとか、大声で話すと話しかけられた子どもがイラっとするとか、コミュニケーションを難しくする状況をつくってしまい、結果的に親御さんが痛い目にあうことになりがちです。

2　目線

子どもはおもちゃで遊んでいて、ママのほうを向いていません。背中越しの会話はこれまたコミュニケーションを難しくします。

大人の世界観だと、「声が届いていれば、背中越しでも会話くらいできるでしょ」と思えてしまうのですが、子どもが相手だと難易度が一気に上がってしまうんです。

3　刺激

水道や換気扇の音が邪魔になって子どもはママの声が聞き取りにくかったり、話に集中できなかったりします。

また、おもちゃが手元にあれば子どもは気になりますし、電車のおもちゃのように動いたり音がするものであればなおのこと気が散ってしまいます。

これらの状況が合わさると、次のような「きれいな負け戦」ができあがります。

- ママは、遠距離でも子どもに声が届くように、大きな声で子どもを何度も呼んだ。
- 十分に大きな声で呼んだので、「これだけ大きい声で呼んでいるんだから伝わるだろう」と思った。
- しかし、子どもにはママの声は届いていない。
- そこで、ママがイラっとしながらもっと大きい声で叫ぶと、子どもにようやくママの声が届くけれど、ママの感情が乗った大声は子どもにもイライラを伝染させて、子どもが「ちょっと待って！！」と怒って返事をする。
- ここでママは激怒。「『ちょっと待って』って何なの！？　さんざん呼んだのに無視

してお いて何なの？　いらないならもう食べなくていいからねっ！」と赤カードが炸裂する。

- しかし、ママが叱っている最中に、電車のおもちゃが「ザァーッ」と音を立てて走っていることが子どもは気になってしまい、思わず電車を目で追ってしまう。
- ママはブチギレる。（怖い怖い……）

この例では、ママは悪くないんですよ。**環境さんがいけないんです。全部、環境さんのせいです。**残念ながら、我々は環境さんに真っ向勝負を挑んでも勝てないんですよ。

じゃあ、どうすればよいかというと、**「話が伝わりやすい環境をつくる」**、もしくは**「少しマシな環境をつくる」**。それくらいです、我々にできることは。

では、今の場面で環境をつくりながら対応すると、どのような動きになるのかを確認していきましょう。

- ママは台所でごはんをつくりました。おつかれさまです。よくがんばった。
- 子どもはおもちゃで遊んでいます。**ここで、「環境をつくる」の出番です。**
- まず、**「距離」**です。遠距離は危険なので、**「しょうがないなあ」と思いながら子どものそばに行きます。**
- 次に**「目線」**。**しゃがみます。目線の高さを合わせて、**「太郎くん」と呼んで、太郎くんがこちらを見て、**お互いの目が合いました。**
- 最後は、**「刺激」**です。**落ち着いた声で、**「ごはんできたよ。おもちゃを片づけよう」と伝えます。電車のおもちゃが走っているのであれば、**そっと電車を止めてから話します。**おもちゃが視界に入ることが刺激になるのであれば、**子どもの視界におもちゃが入らないように、子どもの向きを変えてから話します。**

わかりますよ。今、「めんどくさいなあ。そこまでしないといけないの?」と思いましたよね。

そのとおりです。めんどくさいです。でもまあ、考えてもみてください。

A　環境をつくらずに負け戦を挑むパターン（極論）

環境を気にせずに突っ込む。

↓　ママはがんばって「おもちゃを片づけよう」「まだ遊びたいのはわかる」と青カードを使って話すが、子どもは話を聞くことに集中できず親子ともにイライラする。

↓　結局、ママが激怒する。

B　遠回りパターン

面倒だけど、子どものそばまで行って、しゃがんで話してみる。

↓　子どもが「えぇー……、ごはん？　………わかった」と言って、しぶしぶおもちゃを片づけはじめる。

↓　ママが「おおっ！　えらいね。じゃあ一緒に片づけて、早くごはんを食べよう」とほめて終わる。

さあ、トータルで見て、どちらがラクですか？　お得ですか？　ということなんです。

まあ、環境づくりは面倒ですよね。でも、選ぶのならマシなほうがいいんじゃないかなと筆者は思うわけです。

もちろん、環境をつくったところで、１００％の成功が約束されるわけではありません。それでも、**ちょっとそばに行って、ちょっと目線を合わせるだけで成功率が少し上がるのであれば安いもんじゃないでしょうか。**

あと、今の例で、「おもちゃの電車を止めたら、それが刺激になって子どもがギャーギャー言うんじゃないの？」と疑問に思ったあなた！　鋭いですねえ。そのとおりです。

環境をつくるには、動くおもちゃを止めたり、テレビを消したりする必要がありますが、その行動自体が刺激になって余計にトラブルになることもあります。

でも、おもちゃが動いていたり、テレビがついていたりするなかで話をしても、ほぼ負け戦です。ではどうするか。

特別な裏技はありません。

穏やかに、ゆったりと、しれーーっとスイッチを切る。

気持ちに理解を示し、「ねー、テレビ見たいよねー、でもお話しするから切るよー」といってゆっくりスイッチを切る。

それくらいです。

でも、こういうときって、親もイライラしているので、けっこう挑発的にスイッチを切ったりするんですよね。「問答無用だ！ お前が悪いんだ！ プチンッ（勢いよくスイッチを切る）」みたいな。

やってみるのはタダなので、一度やってみてください。**穏やかに、ゆったりと、しれーっとスイッチを切る。それだけです。**

あとは、「家のルールだから仕方がないんだよ」と、**ブレずに日々淡々と「スイッチを切ってから話す」ということを繰り返す**しかありません。

講座の中でも、「穏やかにスイッチを切ったら、意外にもトラブルにならなかった」という実践報告をする親御さんはそこそこいらっしゃいます。まあ、毎度おなじみですみませんが、とりあえずやってみてください。それでうまくいったらめっけもんじゃないですか。

ちなみに、話をする環境が大事であるということは、**大人でも同じことが言えます。**

たとえば、「ちはっさく」の講座をしているときに、

- 託児に預けた子どもたちがママの存在に気づいて、教室の窓にへばりつく
- 教室の網戸にセミがとまって全力で鳴きはじめる
- 教室の横にある公園で、ほかの親が子どもを大声で叱りはじめる

なんていうハプニングがいろいろと起きるわけですが、この間は親御さんたちの集中力は目に見えて落ちていたりします。

大人でも、目や耳に余計な刺激が入ると思わずそちらに気がいってしまいます。子どもなら、なおのことです。

地味に手堅く成功率を上げてくれる「環境をつくる」

ではここで、楽しいスペシャル練習タ―イム！

先に言っておきます。今回の練習は一人でやっていても少し恥ずかしいです。もし、誰かに見られたらまあまあ恥ずかしいです。でも、その分効果は高いはず。

まず、場面設定です。ママと太郎くんでスーパーに行きました。買い物が終わり、エスカレーターに乗ろうとしたところ、通路の脇にあるガチャガチャに太郎くんが張りつきました。ママはガチャガチャの横のベンチに座って待っていましたが、数分経ったのでそろそろ太郎くんに「帰るよ」と声をかける場面です。

ここで、みなさんにやってほしい練習は次の内容です。

1　ママ役として、実際に家の中のイスに座る。
2　みなさんから2〜3メートル離れたところで「太郎くんがガチャガチャを見てい

る」と妄想する。

3　イスから立ち上がり、妄想上の太郎くんのところまで歩き、しゃがんで目を合わせて、「太郎くん、もう帰るよ」と落ち着いた声で話しかける。

講座の中では、みなさん笑いながら楽しくできるのですが、本を読みながらするのは孤独で難しいですよね。でも大丈夫です。みなさんは、自主トレができる子です。

いいですか。やることは簡単です。

イスから立ち上がって、太郎くんのところまで行って、しゃがんで目を合わせて、落ち着いた声で**「太郎くん、もう帰るよ」**。これだけです。

じゃあ、いきますよ。周りに誰かいないかを確認してください。

はい、はじめてください。

練習をしたら、念のため、もう1回同じ練習をしておいてください。もしできそうなら、飽きるまで5回でも6回でも、繰り返し練習してください。

スポーツや音楽の練習と同じです。**反復練習すれば体で覚えます。自然とできるようになります。**

これは、本番でも効果があります。

受講者さんの報告でよくあるパターンは次の感じです。

○ママが子どもに声をかけようとしたところで、「あー、これって近づいてしゃがんだほうがいい場面だ」と気づく

↓ 「めんどくさいなあ」と思いながらも子どものそばまで行く

↓ しゃがんで子どもに声をかける

↓ 思いのほか、すんなり話が通る

↓ ママ「えーっ？　これだけでうまくいくんだ」と驚く

これは、「奇跡！　魔法のテクニック！」というわけではないんです。
育児本や子育て講座でさんざん紹介されてきている地味な話なんです。
劇的な効果はないけれど、地味〜に手堅く成功率を上げてくれるのが「環境をつくる」なのです。

だから、保育園とか幼稚園の先生たちは基本に忠実に、しゃがんで子どもと話をするわけです。あの方たちはすごいですよ。1日に何回スクワットをしたことになるんだろうというくらい、しゃがみまくっています。さすがプロ。

でも、そのノウハウを親御さんたちに伝えきれてないんですよね……。もったいない。

練習タイム！

こんなときどうする？ 1

ママ友邸で、ほかの子とモメはじめた

ママと太郎くんは、ママ友の家に遊びに行きました。ママ友の家にはほかの親子が何組か来ていてにぎやかです。太郎くんはお友だちとリビングで楽しく遊んでいたのですが、ほかの子にお気に入りの新幹線のおもちゃを取られ、相手を押してしまいました。

さあ、ここから環境のつくり方を考えます。

太郎くんは少しイライラしていますが、丁寧に対応すれば話は伝わりそうな状態です。周りではほかの子どもたちが遊んでいます。

ここで太郎くんと話をするために環境をつくるには、ママは太郎くんをどこに連れていき、どのような工夫をすればよいでしょうか。

選択肢はいろいろあります。思いついたものをポンポン挙げていってください。

「青カード」のためのヒント

選択肢はたくさんあるので、細かいことにこだわらないでください。

本番では状況に合わせて、アドリブで対応してください。遊んでいたリビングから離れると、子どもは余計に拗ねてしまうかもしれませんし、落ち着いて話をするには、いったん玄関の外に出たほうがいいかもしれません。

何回かやってみると、それぞれのお子さんや状況に合ったちょうどよいやり方が見つかると思います。


あと、環境の話で大事なところが1点あります。先ほどちらっと触れましたが、**我々は環境さんにはどうやっても勝てない**んです。

たとえば、電車の中でごねる子どもを注意するのは難しい場合があります。周りには人がたくさんいるし、車内放送が流れているし、景色も流れているし、電車自体も揺れているし。おまけにママも周囲の目がプレッシャーになったりして。これでは青カードを使って話をしても、子どもはいろんなことに気が散ってしまい、話に集中できないかもしれません。

しかも、電車を降りてしまえばよいかというとそうでもなく、駅のホームにも人がいるし、電車は行き来しているし、放送も流れているし、環境としてはイマイチです。

そんなときは、あきらめる勇気を持ちましょう。

子どもに注意はしますし、周りに迷惑になるようなことは制止しますが、「その場で注意して、しつけをする」という点では無理は禁物です。「この環境では、大して伝わらないんだろうなあ」と思いながら、その場をしのぐだけで十分かもしれません。

それはママのせいではないですし、子どものせいでもないです。**環境さんがいけないんです。**

もちろん、その場で注意して話が通じるのであれば、その場でしつけを完了しておくのが理想です。でも、子どもに伝えて理解させることが現実的ではない場面もいっぱいあるんです。

「その場はあきらめてなんとかやり過ごし、後で落ち着いた環境下で、あらためて子どもに教える」という選択肢をぜひ覚えておいてください。しつけの機会なんて後でいくらでもあるので、難しい場面での一発勝負にしがみつく必要はありません。

そしてなにより、環境さんのせいである場合、みなさんが責任を取る必要なんてありません。「あーーー、今は無理。環境さんのせい。家に帰ったら子どもに教えて、一緒に練習しておこう」、これでOKです。

同じように、車を運転中に、後ろのシートで兄弟が口喧嘩をはじめたときの対応なんかも環境的な限界があります。

車を停められるのであれば、停車後に後ろを向いて子どもを諭すことができますが、車を停められない状況であれば運転しながら注意をするしかありません。

あんまり伝わらないだろうけれど、前を見たまま、後ろにいる子どもたちに注意をしておく、それしかできません。

こんなときは、どうにもならないことをどうにかしようとしてストレスをためてもしんどいだけなので、潔くあきらめてください。ぜんぶ環境さんのせいです。

こう
できたら
OK！

・太郎くんをリビングの隅に連れていき、太郎くんの向きを調整して「視界にほかの子たちが入らず、ママと壁しか見えない状態」にして、ママはしゃがんで話す。
・太郎くんと廊下や玄関に行き、喧騒から離れる。二人とも座って話す。

こんなときどうする？ 2

いつの間にか、カートに高級チーズのブロックが！

ママと太郎くんはスーパーに買い物に行きました。ママがカートを押していると、太郎くんはどこからか1個1000円の外国産チーズのブロックを持ってきて、しれっとカゴに入れてきました。

そうなんです。最近、太郎くんは欲しい商品を取ってきて勝手にカゴに入れることがあるんです。そこでママは太郎くんをつかまえて、注意をします。

では、ここで問題です。

買い物をしているスーパーの中で太郎くんを注意するには、次の3点をどのように整えればよいでしょうか。

①距離 ↓
②目線 ↓
③刺激 ↓

「青カード」のためのヒント

スーパーは日常の中でよく行きますが、スーパーの中で子どもが話に集中しやすい環境をつくるのは意外に難しかったりします。買い物をはじめる前であれば、店の出入口や階段、エレベーターホールなどに行けば環境をつくりやすいですが、買い物中となると選択肢が少なくなります。

ちなみに、混んでいる時間帯のフードコートとかもやばいですね。筆者もよく職場の昼休みに近所のショッピングモールのフードコートに行くんですが、そこがまた刺激の宝庫なんです。人がたくさんいるし、注文した商品ができたよって教えてくれるベルが至るところでピーピー鳴っているし、どこかで子どもが泣いているし、テーブルのそばにはガチャガチャがずらっと並んでいるし、隣に併設されたゲームセンターの音が鳴りっぱなしだし……。

もしそこで子どもが問題行動を起こしたのであれば、その場で注意はするものの、**ごはんを食べ終わってから近場の階段やエレベーターホールに移動して、再度、注意**

しなおすのが現実的かなあと思いながら、昼ごはんにうどんを食べたりしています。

こう
できたら
OK!

①**●太郎くんを手の届く範囲に立たせる**

②**●しゃがむか中腰になるかして太郎くんと目線の高さを合わせて、太郎くんがママの目を見て話すようにする**

③**●落ち着いた声で話す**

●場所を変える

●人通りの多いエリアから離れる

●太郎くんの興味のあるお菓子売り場や魚介売り場から離れる

●音楽や放送が流れているエリアから離れる

※　筆者の感覚では、調味料、生活雑貨（洗剤やトイレットペーパー）、文房具のコーナーが話しやすいですが、お店のレイアウトや子どもの興味によっても話しやすい環境は異なります。

こんなときどうする？ 3

着替えをしなさいと言ったのに……

休みの日の朝8時ごろ、ママは洗濯機に洗濯物を入れています。太郎くんはまだパジャマを着ていて、妹の花子ちゃん（2歳）とリビングのソファでじゃれ合っています。テレビはスイッチが入っていて、ニュース番組が流れています。花子ちゃんはおむつ替えがあったので着替えは終わっています。

ママは太郎くんのパジャマを洗濯機に入れたいので、洗面所から太郎くんに「着替えをして！」と何度も言うのですが、太郎くんと花子ちゃんは楽しくじゃれ合っていて一向に着替えをする気配がありません。

ではここで、太郎くんに着替えをするように伝える前に、どのように環境をつくればよいでしょうか。

① 距離 ↓

② 目線 ↓

③刺激↓

「青カード」のためのヒント

これは何気ない場面でも、ほかの兄妹がいると難易度が上がるパターンです。この場面では、通常の環境づくりにプラスして、花子ちゃん対策も必要です。

そうしないと、ママが太郎くんと話をしようとしても、花子ちゃんが話に入ってきたり、花子ちゃんの行動が太郎くんの目を引いてしまったりして、話に集中できなくなってしまいます。

ほかの兄妹への対策は、これまた難しいんですよね。たとえば、花子ちゃんに「ちょっとごめん、こっちでおもちゃで少し遊んでてね」と丁寧に伝えておもちゃを渡しても、花子ちゃんはそんなことはおかまいなしに、ママや太郎くんに話しかけてくる状況とかを簡単にイメージできますよね。

パパや歳の離れた兄ちゃん・姉ちゃんがいれば、「ちょっと花子ちゃんを見ていて」

と言えますが、ワンオペだとそうもいかず、ママのイライラが激増するタイミングの一つだったりします。

とはいえ、うまくいく頻度が少し増えれば十分なので、やれるところからはじめてみてください。うまくいけば、ママの自信もちょっと増えます。

とりあえず、**「ほかの兄妹も大きな刺激となる」**という点はぜひ押さえておいてください。

こうできたらOK!

①・太郎くんのそばまで行く

②・ソファに座って太郎くんと目線の高さを合わせて、太郎くんがママの目を見て話すようにする

③・テレビをそっと消す

・落ち着いた声で話す

・花子ちゃんにはおもちゃで遊んでいてもらう。太郎くんの視界に花子ちゃんが入らないように向きを調整する

そんなわけで、「話をする前の環境づくりも大事だよ」というお話でした。

子どものそばまで行ってみるだけもいいですし、しゃがんで話すとか、落ち着いた声でゆっくり話すだけでもＯＫです。

やってみると、「あー、たしかに子どもに話が伝わっている感じがする」とか、何かしら体感できると思います。

第5章 「ほめる」 ○○できたね

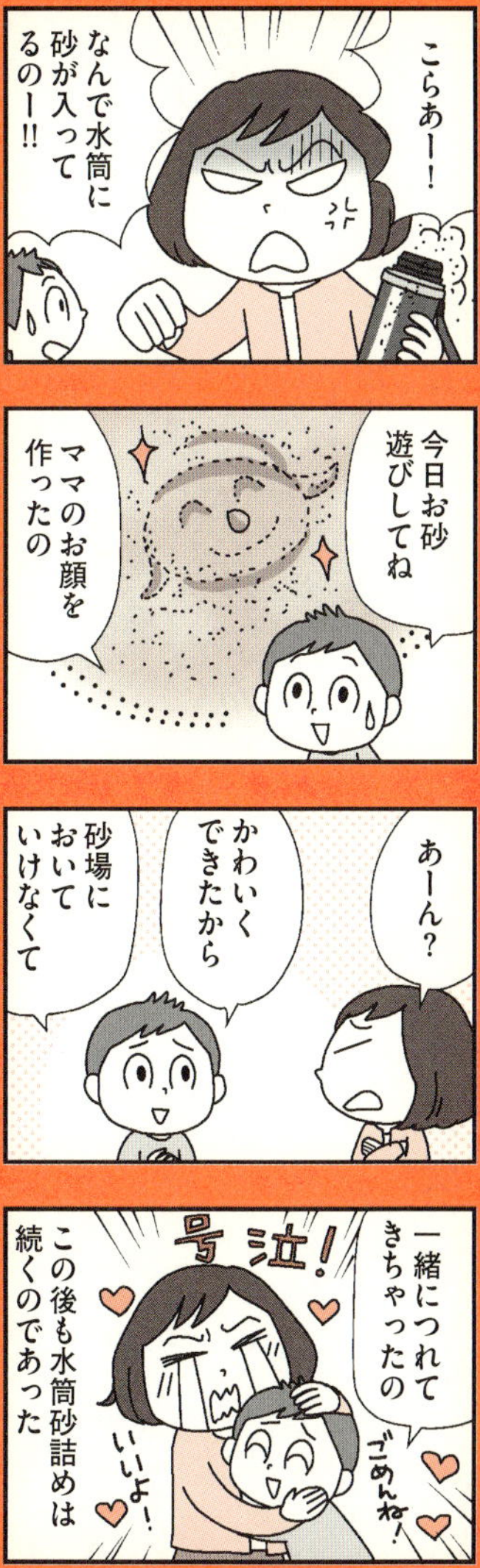
こらあー!
なんで水筒に砂が入ってるのー!!
今日お砂遊びしてね
ママのお顔を作ったの
あーん?
かわいくできたから
砂場においていけなくて
号泣!
一緒につれてきちゃったの
ごめんね!
いいよ!
この後も水筒砂詰めは続くのであった

はい、5枚目の青カードは、**「ほめる」**です。

シンプルにほめるだけです。

「○○できたね」とか、**「がんばったね」**とか伝えるだけです。


ここで唐突にみなさんに質問です。

正直なところ、「『ほめましょう』と言われるのはちょっとうんざり気味だ」という方、手を挙げてください。せーのっ！


どうでした？　手を挙げた人はどれくらいいたでしょうか。

講座では、受講者さんに毎度これを聞くんですが、半分近い方がここで手を挙げられます。そうなんですよねー。育児情報では「ほめましょうネタ」が氾濫していて、けっこうみなさんうんざりしているんですよね。

でもそれを承知のうえで、青カードの「ほめる」の説明をしていきます。

実は、ほめるほうが効率がよい！

まずはじめに、一部のありがちな誤解を解いておきます。

一般的に、子育て支援者が「ほめましょう」と言うと、「子どもをほめて、ハッピーな子育てをしましょう！（キラリーン！）」と言っているように受け止められることがあります。

実際にそういうメッセージで言っている人もいますし、それはそれでよいことだと思いますが、ここでみなさんにお伝えしたいのは少しドライな話で、**「親御さんがちょっとでもラクになるために、効率重視でほめておきましょう」**ということなんです。

たとえば、朝起きてきた子どもがムスッとしていて、「おはよう」と言わないことが続いているとき。

叱る路線であれば、「おはよう」と言えなかったところを叱っていきます。

ほめる路線であれば、「おはよう」と言えたところをほめます。

どちらも目的は同じです。

では、どちらが効果的で、親としてはラクでしょうか？

実はですねー、**叱るほうは、けっこう難しい**んです。

まず、叱るということは、子どもの問題行動がすでに起きています。場合によっては、その結果として何かが汚れたり、壊れたり、時間を使わないといけなかったりと実害が生じているかもしれません。

さらに、叱るママも、叱られる子どもも少なからずネガティブな感情を持ちます。子どもは拗ねたり、口答えをしたりするかもしれませんし、ママも思わず赤カードを使ってしまうかもしれません。

そんななかで、「その行動は違うよ」と伝えつつ、「次からはこういう行動をするんだよ」と代わりの行動を教えて、子どもの行動を変えていきます。問題行動に対して、その場で行動の矯正をするんです。そりゃあ、成功率は高くはないですよね。

そして、おなじみの「親がしんどいパターン」が生まれるわけです。

・子どもが問題行動をしたのでママは叱った。
・子どもは反抗したり泣いたりしたけど、ママはがんばって叱り続けて、最後は子どもが「ごめんなさい」と言った。親子ともに疲れた。
・けれど……、子どもは理解できていなかったのか、また同じ問題行動をしてしまう。
・ママは「またやったのか！」と激怒。
・ママは仕方なく前回より強く叱って、どうにか子どもに理解させようとする。（はじめに戻る）

この流れのドツボにはまると、ママががんばっている割には状況は改善されず、だからこそより強く叱っていくという負のスパイラルに入っていきます。

さらに負のスパイラルが成長すると、次のようなママの感情の乱高下が始まります。

・子どもをどなりつけて強く叱った、叱りまくった
↓ ママはどっと疲れる&自己嫌悪。「もうどならないようにしよう。叱り方を変えよう。リセットしよう。明日からは怒らない。もう怒らない」と強く反省した

あと、少し前向きになる。
↓次の日に、子どもがまた同じような問題行動をしてママがどっかーん！
↓夜にまた自己嫌悪（以下、略）

この「自己嫌悪（>_<）」↓「リセットだ。自分も変わろう。がんばろう（｀・ω・´）」↓「またやっちゃった（>_<）」の繰り返しは、本当にしんどいですよね。

なぜ筆者にそんなことがわかるのかって？　お察しください。

叱ることがいけないとかではなくて、叱って教えるのは難易度が高いんです。だから、成功率も大して高くはないですし、疲れるんです。

となると、叱る場面で勝負をかけるのはこれまた負け戦を挑むようなものだし効率が悪いので、**もっとラクで勝算の高いほうで勝負をしましょうよ**、と言いたいんです。

で、ほめるほうは話がもっとシンプルです。ほめる場面では、**ほめる親も、ほめられる子どもも、両方とも前向きな感情になれます。**

さらに**子どものほうは、次回以降、ほめられた行動を繰り返せばいいだけ**なので、やることがとてもわかりやすいです。行動を変える必要もありません。

しかも、子どもがほめられたということは、子どもはその行動がすでにできているわけなので、**次回以降もできる可能性が高い**です。そりゃあ、勝算は高いですよね。

ここまでの話を踏まえて、さあ、みなさんは「ほめる」と「叱る」のどちらにウェイトを置いていきたいですか？ということなんです。

※　この話は、叱ることを否定しているわけではありません。講座の中でも、この本の中でも、問題行動が起きた直後の対応として、叱る（注意する、諭す）練習をします。みなさんにお伝えしたいのは、叱ることばかりに注力してもしんどいですよー、ということです。なぜか、「ほめましょう系の講座」＝「叱らないことを推奨する講座」と誤解されることが少なくないので念のため書いておきました。

話を戻しまして、**ほめることのねらいは、せっかくできた子どもの望ましい行動が次回以降も起きる可能性を高めること**です。

そして、子どもの自発的な行動が少しずつ増え、できるようになった行動を踏み台にしてもう少し難しいこともできるようになって、という流れの中で**子どもの自立が着実に進んでいくと親としてはラクですし、子どもの成長にもつながって一石二鳥**です。

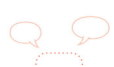

「ほめる」＝「行動へのフィードバック」と考えましょう

ここまでの話はいいんです。講座だと受講者さんたちも、「うんうん」とうなずきながら話を聞いてくださいます。

でも、「じゃあ、みなさん。ほめましょう」と筆者が言うと、受講者さんのうちの何人かは困った表情になり、それらの受講者さんに発言を促すと、たいてい次の2パターンのコメントが返ってきます。

「ほめたほうがいいのはわかったんですが……」
↓「大げさにほめるのは不自然に思えて苦手なんです」
「子どもをほめるのは子どもにへりくだっているみたいで、抵抗があるんです」
↓「うちの子はほめるところがないんです。どこをほめればいいんですか?」

ここでまた2つの誤解がよくあるので解いておきたい!!

まず、この講座でいう「ほめる」というのは、**「その行動、イケてるよ。次もその調子でいこう」というフィードバック**です。それを伝えておかないと、子どもは何が良くて、何が悪いのかわからないので困ります。

たとえば、みなさんがアルバイトを始めたとして、初日に慣れない作業をした際に、周りから「そのやり方でOKだよ」とフィードバックをもらわないと、「これでいいのかなあ」と不安になるじゃないですか。**フィードバックをもらえれば、自分の行動の方向性が見えてきます。**

それと、「ほめる」というのは必ずしも、「すごいじゃないか、マイエンジェル！（抱っこしてチュッチュッ！）」という大きなほめ方でなくてもいいんです。

ほめるのが得意な人は大きくほめればよいですし、苦手な人は「いま○○できたね」とシンプルに伝えられればそれでOKです。**フィードバックなので、「ほめる＝子どもにへりくだる」わけでもありません。**

また、ほめていけば、結果的に子どもの自己肯定感が〜とか、親子関係が〜とかのよい影響がいろいろと派生していきます。

※「子どものほめ方」には、いろいろな考え方（養育論・技術論）がありまして、考え方ごとに「これが大事だ、これはやってはいけない」と主張する内容も異なります。だから、ネットのほめ方関係の記事を読んでいても、「あれ？　この前の記事と逆のことが書いてある」なんてこともよくあります。多様性です。!（^^）!

筆者としては、どれが正しいとかではなくて、親御さんが使いやすいもの、納得できるものを選択すればよいと思っています。「ちはっさく」はそれ以前の「基礎練」をするだけのものなので、難しいことは置いといて、**「まずはシンプルにほめる練習をしておこう」**というスタンスです。

ほめるべきところは、大量にあります！

次に、もう1つの誤解、「うちの子はほめるところがない」についてです。

先にさらっと答えを書いておくと、**「大丈夫です。ほめるところは大量にありますよ。ほめる対象となる行動は、問題行動の反対の行動、つまり『普通の行動』です」**となります。

ここから、超大事ですよ。

たとえば、太郎くんが洗面所で手を洗うときに、ハンドソープを大量に出して手を洗ったとしましょう。ハンドソープは太郎くんの腕を伝い、ひじからポタポタと床にこぼれています。

この場合、太郎くんの問題行動は、「手を洗う際にハンドソープを大量に出したこと」になります。

では、ここで問題です。この太郎くんの問題行動を注意する際に提示する「代わりの行動」はどんなものがよいでしょうか？

【答え】

- ハンドソープを適量出す
- ハンドソープを1回だけ押す

この「代わりの行動」を太郎くんに教えて、あとは「一緒にやってみる」をすれば、しつけとしてはわかりやすく、伝わりやすいです。

もう1つ、みなさんに質問をします。

太郎くんがハンドソープを大量に出す問題行動について、太郎くんに伝える「代わりの行動」（つまり、望ましい行動）は、「ハンドソープを適量出す」でした。

では、みなさんは、たとえば旦那さんが洗面所で手を洗うときに、ハンドソープを適量出して手を洗っていたら、「なんてすばらしい行動なんだ」と思いますか？

もちろん答えはＮＯですよね。普通の行動なので、すばらしい行動とは思えません。

そこです！　そこに罠があるんですよ！

私たちは、子どもの問題行動を叱ります。そして、代わりの行動を教えます。でも、**私たちが教える代わりの行動は「普通の行動」なんです。**「すばらしい行動」ではないんです。

なんで私たちが子どもを叱るのかというと、その行動が普通ではなくて、それを続けると子どもやその周囲の人が不利益をこうむるので、それを回避できるように「普通の行動」を教えているわけです。

でも、いかんせん「普通の行動」だから、子どもが親に教えられたとおりにがんばって「普通の行動」をしても、つまりハンドソープを適量出して手を洗っても、**親からすれば「普通の行動」は当たり前すぎて目に入らない。**目の前で起きていたとしても気づきにくいんです。

そうなると、子育てが叱るほうに偏っていきます。問題行動は目につくから叱る。子どもがせっかく行動を変えても、それは普通の行動だから目に入らない。だから、ほめない。ますます叱ってばっかりになるし、さっきの話につながって……、「うちの子、ほめるところがない」となるわけです。

でも大丈夫ですよ。みなさんはもう知ってしまいましたから。

問題行動の反対は、望ましい行動です。そして、望ましい行動は普通の行動です。

だから、**ほめる対象となる行動は、普通の行動です。普通の行動をほめてあげてください。普通の行動は日常生活の中でいっぱい起きています。**

問題行動も、「ほめて修正」!

ほめるネタの一番の見せどころはここです。

普通の行動をほめればよいので、日常生活の中で、お子さんのすでにできている行動や、最近できるようになった行動をほめることで、望ましい行動は増えていきます。し、親子関係もよくなっていきます。

そしてさらにもう一歩踏み込むと、問題行動へのアプローチにこのほめるネタを積極的に使っていくことになります。

これまた、やること自体は簡単です。**問題行動に基準を置いて、問題行動の反対の行動をほめていく**、それだけです。

子どもが問題行動を起こせば、その反対の普通の行動がほめる対象になります。問題行動が起きれば起きるほど、ほめる対象となる行動が増えていくことになります。

だから、子どもを叱ったときには、**「叱った問題行動」と「新たにほめる対象となった普通の行動」を覚えておきます。**忘れる自信がある方は、スマホにメモしておくことをオススメします。

で、**ほめる対象としておいた普通の行動が起きたときにほめるだけ**です。簡単でしょ？

これで何が起きるのかというと、なんと、**ほめることで問題行動を間接的に減らしていくことができる**んです。

たとえば、ある日、子どもが車のチャイルドシートに座るのを嫌がって、ママが叱ったとしましょう。そこでママは思うわけです。「最近、この問題行動が多くてうんざりだ」と。

ここで、「チャイルドシートにすぐに座らない」という問題行動の反対の行動、つまり、**「チャイルドシートにすぐに座る」**という当たり前すぎる普通の行動がほめるべき行動となりました。

その場で、ママは「代わりの行動」として「チャイルドシートにすぐに座る」ということを子どもに教えて、「一緒にやってみる」もしておきます。その後、子どもと車に乗るたびに、「チャイルドシートにすぐに座れたらほめるぞ」と待ち構えるんです。

そして、できたらほめます。**「チャイルドシートにすぐに座れたね」**と。

チャイルドシートにすぐに座れなければ、淡々と「代わりの行動」を教えていきます。

これを繰り返すと、ほめるのは効率がいいので、チャイルドシートにすぐに座る頻度が少しずつ上がっていきます。

となるとですよ……、

・ほめることで、「チャイルドシートにすぐに座る頻度」が少し増える
・「チャイルドシートにすぐに座る頻度」が少し増えたということは、その反対の行動となる「チャイルドシートにすぐに座らない頻度」は同じ分だけ減る

となります。

なんとなんと、チャイルドシートにすぐに座れたところをほめていたら、「すぐに座れない」という問題行動が減ってしまうわけです。

つまり、**問題行動をガミガミ叱らなくても、できた行動をほめていくことで、望ましい行動が増え、相対的に問題行動は減っていく**んです。お得感が半端ないでしょ？

大事なところなので、もう一度同じことを言いますよ。

子どもの「おもちゃを片づける頻度」が増えれば、相対的に「おもちゃを片づけない頻度」は減ります。だから、「おもちゃを片づける」という普通の行動をほめます。そうすると、子どもがおもちゃを片づけないことを叱る頻度が減るんです！

まあ、そんなに簡単にいかない現実もありますが、方向性としてはそんな感じです。あとは、普通の行動をほめる気持ちになれるかどうか、みなさんのお気持ち次第です。

普通の行動は普通すぎて、「えー、こんなこともほめるのぉ？」と思ってしまうみなさんのお気持ちはわかります。

でも大丈夫です！　たぶん、**この後でたくさん練習をする間に、ほめることに慣れてしまいます。**

練習に入る前に、普通の行動をほめていくためのポイントが2つあるので、それをご紹介しておきます。

【ポイント1】「普通の行動」は日常生活の中ですでに起きているかも

ここまでに書いてきたとおり、一般的に親御さんたちは問題行動は目につくので叱るけれど、普通の行動はスルーしがちです。だから、子どもが普段、普通の行動をしていても親御さんはそのことを認識できず、問題行動だけが目に入って、「問題行動ばかりする」と思えてしまいます。

でも、実は子どもがすでに普通の行動ができているのであれば、注意の仕方も変わってきますよね。

たとえば、子どもがこっそりとママのスマホで動画を見ていたので激怒したけれど、よくよく考えてみると、普段はママにスマホを見ていいかを聞いて、ママの返事が「ダメ」であれば素直にあきらめるし、「いいよ」であれば子どもは「ママ、ありがとう」と言ってからスマホを見ていた、みたいな。

そうであれば、叱ることに力を入れるよりも、**普段のできているところをほめてい**

ったほうが、ほめる機会（＝しつけの機会）は多いし、親子ともに気持ちよく話ができるので効率もいいですよね。

この「よくよく考えてみると、普通の行動はすでにできていた」という発見が大事なんです。

ということで、子どもの問題行動にカチンときて「どうやって叱ってやろうか」と思ったときには、**一度立ち止まって「普通の行動がすでに起きていないか？」と探してみてください。**

みなさんのお子さんも、すでに普通の行動をたくさんしていたり、みなさんに叱られたことを受け入れて普通の行動に切り替えている部分があったりするかもしれません。

【ポイント2】「普通の行動」は問題行動より発生頻度が高いかも

問題行動のタイプによっては、「問題行動ばかりする」というのは現実的ではないものがあります。

たとえば、「子どもがいつも大声を出してうるさい」といっても、すべての会話を大声で話し続けるのは難しいので、実際には普通の声で話している時間のほうが長いはずなんです。

子どもの大声を聞かされている親御さんが「いつも大声でうるさい」と感じられるのはわかりますが、実は「普通の声で話す」という普通の行動は日々、問題行動よりも多く発生していることになります。**ほめる機会はいっぱい転がっているんです。**

また、「いつも兄弟喧嘩をしていてほんとうにうんざりする！」という場合も、兄弟が接している時間のほとんどを喧嘩して過ごすというのは難しくて、喧嘩をしていない時間もた～くさんあったりします。

（「喧嘩をしていない時間」というのは、「兄弟でお互いを思いやって仲睦まじいやり取りをしている時間」ではなくて、「ただ一緒にいるだけ、何気ない会話をしているだけの時間」のことです。）

そんなわけで、

- 問題行動を叱る（注意する、諭す）ことも大事ですが、叱ることよりも効率がよい「ほめる」ことのほうがもっと大事＆お得。
- ほめる機会は日常の中に大量に転がっていて、それを見逃すのはもったいない。ほめまくって叱る頻度が減ったら、みんながうれしい！

ということなんです。

クイズタイム！

ここでクイズです。今まで私が熱弁をふるってきた「ほめるネタ」について、みなさんの理解度をクイズで確認します。

以前、筆者はとある勉強会で保育士さんから次のような事例検討のお題をもらいました。

●保育士さんからのお題

保育園で自分が担任するクラスに、賢いAくんがいます。Aくんはみんなで園庭に出て遊ぶ際に、人気の遊具の争奪戦に勝つために、下駄箱にたどり着くとライバルの子の靴を下駄箱の上や横にさっと移します。ライバルの子が「あれ？　自分の靴はどこ？」と探している間に、Aくんは余裕の一着で人気の遊具にたどり着きます。

担任の保育士さんは、Aくんがライバルの靴を隠すのを発見したときは注意し、靴を隠さずに園庭に出るよう教えています。しかし、なかなかAくんの問題行動はなくなりません。先月もAくんの靴隠しが3回もありました。どうやって注意したり、教えたりしたらいいでしょうか。

このお題に対して筆者は、「ほめればいいんじゃないですか!(^^)!」と提案しました。

それでは、みなさんに問題です。

ライバルより早く園庭に出たいAくんによる、「ライバルの靴を隠す」という問題行動。これを減らしていくためには、Aくんのどのような行動をほめていけばよいでしょうか。

このクイズを即答できた人は、「ちはっさく」の理解度がMAXです。ごほうびに今日は焼肉でも食べに行ってください。

どうでしょう。答えはわかりましたか？　少しヒントを出しておきます。**ほめる対象となる行動は、問題行動の反対の行動**です。単純に、問題行動を反対にしただけの行動です。

そして、**普通の行動はたいていの場合、すでに起きています。**しかも、高頻度で起きているかもしれません。さあ、どうですか。答えはわかりましたか？

最後に、特大のヒントです。

担任の保育士さんはこう言っていました。

「先月もAくんの靴隠しが3回もありました」と。

3回だけ？　それ以外のときは、どうなっていたんでしょうねえ？

では、答えです。

ほめる対象となるAくんの行動は、

「ライバルの靴を隠さないで園庭に出ること」

でした。

だって、「先月は3回あった」ということは、靴を隠した日と雨が降った日以外の十数日は、Aくんは靴を隠さなかったと思われます。なので、そこをほめればよいのでは、と思ったわけです。

ほめる際には、**「Aくん、先生が言ったとおり、ほかの子の靴を隠さないで、正々堂々とお外に出られたね。Aくん、がんばったね」**と伝えるかなあと。

なぜ、ここでクイズを出すのかというと、「普通の行動をほめましょう」という話は、説明を聞いている分には「まあそうだね」と思えても、実際の自分の行動に落とし込もうとするとけっこう難しいんですよ。**普通の行動は目に入りにくい**ので。

で、この事例の保育士さんも見事にドッボにはまったわけです。Aくんの靴を隠す問題行動が気になって毎日園庭に出るAくんの様子を見ていたのですが、Aくんが靴を隠さずに園庭に出た際にはその行動は「普通すぎて」保育士さんの目には入らず、逆にAくんが靴を隠したところはしっかり目に入って注意して教えていたわけです。

しかも、保育士さんが教えた成果があったのか、Aくんは靴を隠さずに園庭に出る頻度のほうが高かったんです。

ちなみに、この保育士さんはベテランの優しい先生で、たまたま見事にドツボにはまった感じでした。


このクイズは一般の親御さん向け講座でも、プロ向け講座でも正答率は3割くらいですので、さっと正解が出なかったとしても気にしないでください。

大丈夫ですよ！　練習すればみなさんも「青カード脳」になれますから。

では、今の話を踏まえて、簡単な確認クイズを2つ出しておきます。

【簡単なクイズ1】お風呂のあと、ふざけて逃げ回る

お風呂から出たときに太郎くんがふざけて逃げ回り、体をふいたりパンツをはかせたりするのに一苦労することがあります。10年後に振り返れば微笑ましい思い出になるのでしょうが、日々の子育ての中ではイラつきます。

対応方法としては、太郎くんが逃げ出した際に注意するとか、逃げられないようにお風呂の中で体をふくとかいろいろと選択肢はありますが、今回は「すでに起きている普通の行動をほめる作戦」でいくとします。

では、問題です。「お風呂から上がった際に逃げ回る」という問題行動を減らすために、太郎くんのとある普通の行動をほめるとしたら、どんな行動をほめるとよいでしょうか。

【答え】
お風呂から出て、体をふいたりパンツをはいたりできる程度にじっとしていること

この場合、太郎くんが「『お風呂から出たらじっとしていて』とママから言われていることを覚えていてじっとしていた」のであっても、そんなことは覚えていなくて「たまたまゆっくり出てじっとしていた」のであっても、どちらでもほめます。だって、ママが太郎くんに教えている望ましい行動ができているわけですから。

そして、**「お風呂から出たらじっとしている」という普通の行動が増えれば、相対的に「お風呂から出たら逃げ回る」という問題行動は減っていきます。**

ほめていたら問題行動が減った！　ママが叱る回数が減った！　となったら……、いいですよね。

では、今の場面で、お風呂から出てじっとしていた太郎くんをシンプルにほめる場合、何と言えばよいでしょうか。

【答え】
「お風呂から出たらじっと待てたね。太郎くんかっこいい」
「ありがとう。ママ助かる」
「太郎くんすごい、よしよし」など

ほめ方は諸説あるのですが、**とりあえずシンプルに、気楽にほめておいてください。**

筆者の答えと表現が違っていても、方向性があっていれば問題ないですからね。
一つだけ踏み込んでおくと、ほめ言葉だけですますより、**「お風呂から出たらじっと待ってたね」**のように、**できた行動を言葉で表現しておくと、子どもに望ましい行動が伝わりやすい**です。

意外にも、「できたね」とか「すごいね」といったほめ言葉だけで簡単にすますと、子ども側は何をほめられたのかがわかりにくい場合があるんです。
今のお風呂から出た場面であれば、ママから「がんばったね」と言われた太郎くんはほめられてうれしいから「うん！」と返事をするものの、その直前には、湯船に長く浸かって、元気に歌って、シャンプーを流す際に息を止めて……などいろんな行動をがんばっているわけなので、「どの行動をほめられたのかよくわからない」なんてことになったりします。

せっかくほめるのであれば、**「その行動はよかったよ。次回もよろしくね」というフィードバックが正しく伝わったほうがよい**ので、**「○○できたね」**と言っておいたほうが伝わる可能性が高くなります。

ちょっとの口先のやり取りで、子どもの望ましい行動を増やせるのであれば、言っておいたほうがお得ですよね。言うのはタダですし。

もちろん、「毎回必ず『○○できたね』と伝えないといけない」なんてことはないですからね。伝わりやすさ重視なら「○○できたね」とできた行動を言葉にしてほめ、そこまで言わなくても伝わりそうとか、**シンプルにいきたいとかであれば「すごいじゃん」「がんばったね」「かっこいい」といったほめ言葉だけにしておく**など、やりやすい形で大丈夫です。

【簡単なクイズ2】なぜ水筒から大量の砂が……？

夜にママが太郎くんの水筒を洗おうとしたところ、水筒の中から大量の砂が出てきました。ママが太郎くんを問い詰めると、「なんとなく、幼稚園の園庭の砂を水筒に入れてみた」ということでした。

ママは太郎くんをガミガミ叱ります。思わず赤カードも出てしまいましたが、とにかく、「水筒に飲み物以外のものを入れてはいけない。水筒の中身を飲んだら、後は持って帰ってくるだけだ」ということを教えておきました。

で、次の日の夜です。ママがまた太郎くんの水筒を洗います。ママは少し不安になりながら水筒を流しの上で逆さまにしましたが、砂は入っていませんでした。太郎くんに確認したところ、今日は水筒の中に砂は入れていないとのことでした。

それでは、問題です。水筒に砂が入っていないことを確認したママは、今後も太郎くんが水筒に異物を入れないようにするためには、太郎くんのどのような行動をほめればよいでしょうか。

【答え】
「水筒に砂を入れなかったこと」とか、
「水筒に砂を入れずに持って帰ってこれたこと」など。

答えを見て、苦笑いしていませんか？　**普通のことをほめる**んですよ。

前日に「水筒に砂を入れる」という問題行動を叱ったので、**その反対の普通の行動がほめポイント**になったわけです。だから次の日、「水筒に砂を入れずに持ち帰る」という普通の行動をほめるわけです。そうでないと、叱ってばかりになってしまいます。**普通のことをほめて太郎くんの水筒の使い方についての理解を促し、自信を持たせます。**

それで、たとえば数日後にママが太郎くんに、「最近、水筒に砂は入ってないね。理由があったら教えて」と聞いたときに、太郎くんが「いやいや、水筒は飲み物を入れるものであって、砂なんか入れちゃダメでしょ」と答えてくれるのであれば、水筒の正しい使い方についてのしつけは完了です。

ガツンと叱って終わるよりかは、ほめて肯定して終わるほうが何かとプラス方向な予感がしますよね。

では、太郎くんが水筒に砂を入れずに家に持ち帰れたことをほめる場合、何と言ってほめればよいでしょうか。

【答え】
「太郎くん、水筒に砂を入れずに持って帰ってこられてえらいねえ」

そのまんまです。太郎くんが行った行動をそのまま表現してほめてあげてください。あと、**ほめる際も赤カードの「長い説明」には注意してください。**
たとえば今の場面で、長い話でほめるとこんな感じになります。

「太郎くんは昨日、水筒にお砂をたくさん入れてきちゃったでしょ。それで昨日の夜に、ママに『ダメでしょ』って叱られたんだけど覚えてる？　水筒にお砂を入れるとバイ菌が入っちゃうかもしれないし、そうなると今度太郎くんが水筒で飲み物を飲んだときにおなかを壊すかもしれないでしょ。でも今日の太郎くんは、ママに言われたとおり、お砂を水筒に入れずにお家に持って帰ってこられたよね」

……ほめるときであっても、話が長いとわかりにくいですよね。

話はシンプルなほうが伝わりやすいということをぜひ押さえておいてください。

では、クイズが終わったところで練習に入りましょう。

練習タイム！

こんなとき何と言う？ 1

ごちそうさまをして、お皿を運んでくれた♡

ごはんを食べ終わってごちそうさまをしたあとで、ママは太郎くんに「お皿を台所に持っていってね」と伝えたところ、太郎くんは淡々とお皿を運んでくれました。

では、太郎くんの行動を言葉にしながらほめてあげてください。

「青カード」のためのヒント

太郎くんが台所にお皿を持っていってくれたことをほめることで、**その行動が増えて定着していく可能性を高めることができます。**

こう
言えたら
OK！

「お皿を運んでくれてありがとう」
「すごいよ太郎くん、お皿を台所に持っていってくれたね」

こんなとき何と言う？ 2

今日は呼んだらすぐにやってきた♡

ママは洗面所で、「太郎くん、歯磨きをするよ」と太郎くんを呼びました。太郎くんは歯磨きがあまり好きではないので、ママに呼ばれてもすぐに来ないことが多々あるのですが、今日は機嫌よく洗面所にやってきました。

では、太郎くんをほめてあげてください。どうぞ。

「青カード」のためのヒント

トラブルが起きがちな歯磨きの場面で、洗面所に自分から来られたことを、まずはほめておきます。

この後、太郎くんが「口を開けない」とか「歯磨きの途中で逃げようとする」とかいろいろとトラブルが起きるかもしれませんが、とりあえず洗面所への移動だけでもスムーズにできるようにほめておきます。そうやって**細かな行動の成功率を上げてい**

くことで、「子どもの歯磨き」という壮大なプロジェクトを成功に導くのです。

ちなみにこれは、プロにはそこそこ知られている**「スモールステップ」**というテクです。スモールステップとは、ひとまとまりの行動を複数の小さな行動に分解して、小さな行動を1つずつできるようにしていく方法です。

「歯磨きをする」という行動を分解すると、「歯磨きをする場所に行く」「ママの膝の上に乗る」「口を開ける」「口を開けた状態を維持する」「口をゆすぐ」というように複数の行動に分けられます。

大人の世界観だと、これらをひとくくりにして、「歯磨きができた・できなかった」と評価をしがちですが、それだと子どもにとってはハードルの数が多く、難易度が高くなってしまいます。結果として、親御さんが叱ってばかりになってしまいます。

そこで、スモールステップです。**細分化した行動を1つずつ見ていき、できたらほめ、できなければ教えていきます。**

最初は、ママに呼ばれて洗面所に来られたことをほめる、できなければ「代わりの行動」として「呼ばれたら洗面所に来ること」を教えて、「一緒にやってみる」をしておく。次に、「ママの膝に乗る」ができたら……、と1つずつステップを進めていくわけです。

この進め方であれば、**1つの行動が小さいので、安定して肯定的に教えられるし、全部ができなくても、できたところはほめることができます。**ぱっと見では「そんな細々と教えたり、ほめたりなんてめんどくさい」と思えたりしますが、実際にやってみると案外簡単ですし、親御さんの負担感も減らせたりします。

行動を細分化して子どもに教えるステップを踏んでいくと、教えなくてもすんなりできる部分もありますし、**いくつかの行動ができるようになったら、残りの部分は教えなくても急にできるようになることもあり、**「気づけばひとまとまりの行動ができあがっていた」なんてこともよくあります。

そして何より、**小さなステップで、できることが積み上がっていくのは、親子ともにうれしいものです。**

「着替え」や「幼稚園・保育園に出かける準備」などもスモールステップが有効です。

○スモールステップの例

・「着替え」

「呼ばれたら着替える場所に行く」「パジャマを脱ぐ」「靴下を履く」「シャツを着る」「ズボンをはく」

・「園に出かける準備」

「弁当をかばんに入れる」「ハンカチをポケットに入れる」「名札をつける」「水筒を肩にかける」「帽子をかぶる」「靴を履く」「玄関を出る」

こう言えたらOK！

「太郎くん、『歯磨きをするよ』って呼ばれたらすぐに来られたね。がんばったね」

こんなとき何と言う？ 3

ジュースのブクブクをすぐにやめてくれた♡

レストランでお子様セットを食べていた太郎くんは、オレンジジュースを飲む際にストローから息を出してブクブクっと遊びはじめてしまいました。ママが太郎くんと目を合わせて、「太郎くん」と言ったところ、太郎くんはママの言いたいことを理解してブクブクをやめました。

ブクブクをすぐにやめられた太郎くんをほめてあげてください。

「青カード」のためのヒント

ブクブクをしたことは問題行動ですが、ママの言いたいことを理解してブクブクをすぐにやめられたことは望ましい行動です。このように、**1つの場面で問題行動と望ましい行動が混在する場合、切り分けて扱うと親御さんも対応しやすくなります。**

今の場面で、ほめるのと注意するのを両方する場合、まずはブクブクをやめられたことをほめ、その後でブクブクをしたことについて、「代わりの行動」として正しいジュースの飲み方を教えて、その場で「一緒にやってみる」をしておきます。

これをひとまとめにしてしまうと、「望ましい行動はあったけど、そもそもブクブクをしたのがいけないんだから、叱ったほうがいいのかな？　ほめるのと叱るのはどちらを優先するんだろう？」と困惑することになります。

今の場面で起きた、**「ママの言いたいことを理解してすぐにやめた」という太郎くんの行動はとても重要ですばらしいこと**です。これができれば、親御さんは「太郎くん」と名前を呼ぶだけですみますし、太郎くんの問題行動がそこで終わるので、その後の話もスムーズにできます。

反対に、「ママに言われても問題行動を続けた」となれば、親御さんはそのあとの対応に疲れますよね。だから、「ママの言いたいことを理解してすぐにやめた」といううすばらしい行動は増やしておきたい。そうなると、**よいことはよいこととしてほめましょう**、となるわけです。

ほかにも、「『悪いことをしてしまった』と正直に報告してきた」とか、「問題行動を注意されたら素直に謝れた」などが、「問題行動と望ましい行動が混在するパターン」としてありがちです。

こう
言えたら
OK！

「ブクブクをすぐにやめられたね。よしよし」
「ママが言いたいことをわかってくれてありがとう。ブクブクをやめられたね」

こんなとき何と言う？ 4

自分から片づけをはじめてくれた♡

太郎くんは塗り絵をしていたのですが、途中で飽きてほかの遊びをはじめました。机の上には、塗り絵の本やクレヨンが散らばっています。ママは太郎くんに近づいて環境をつくりながら、「太郎くん、塗り絵を片づけてね」と伝えました。太郎くんはいったん「いやだ」「あとで」と抵抗しましたが、1分くらい経ったら「しょうがないなあ」と言いながら、本やクレヨンの片づけを嫌々はじめました。

ではここで、抵抗はしたけれど、嫌々ではあるけれど、自分から片づけができた太郎くんをほめてください。どうぞ。

「青カード」のためのヒント

この場面も3と同様に、「塗り絵を片づけずにほかの遊びをはじめた」『いやだ、あとで』と抵抗した」と小さな問題行動がありましたが、注目したいのは最後の片づけをはじめた部分です。

太郎くんが片づけをしたのは、前後関係を見れば「ママに言われたから片づけた」とも言えますが、**最後の部分をピンポイントで見れば、「太郎くんが自分で判断して片づけをはじめた」とも言えます。**

太郎くんはひょっとしたら、「片づけないといけないのはわかる。でも、めんどくさい。どうしようかな。よし、片づけよう」という葛藤があって、それを自分の力で乗り越えたのかもしれません。

そう考えると、**今の場面は大きな「ほめポイント」になってきます。**

こう言えたらOK!

「片づけできたね。かっこいいぞ」
「がんばったね。自分から片づけできたね」

こんなとき何と言う？ 5

大事な話をしているのに、「帰ろう攻撃」をしてくる

太郎くんは、ママがほかの大人と大事な話をしているときに待ちきれずに、「もう帰ろうよ！」「お話いつ終わるの！」と何度も催促してきたり、ママに体当たりやぶら下がり攻撃をしてしまうことがあります。

最近では、幼稚園の先生や薬局の薬剤師さんと話をしている最中に太郎くんが「帰ろう攻撃」をしてきて、ママもイラっとして後で注意することがありました。

では、ここでクイズです。

太郎くんの「帰ろう攻撃」を減らすために、太郎くんのとある行動をほめていくとしたら、太郎くんのどのような行動をほめればよいでしょうか。

【クイズの答え】
ママがほかの大人と大事な話をしているときに「帰ろう攻撃」をせずに待てること
（太郎くんが1～2分待てただけでもほめていきたい）

では、太郎くんが待つことができたとき、どのようにほめればよいでしょうか。練習してください。

「青カード」のためのヒント

こういう場面で親御さんは、子どもが待ちきれずに「帰ろう攻撃」をしてきたら叱るけれど、子どもが待てた場合は問題が起きていないのでスルーしがちです。**普通の行動（望ましい行動）は親御さんの目に入りにくい**んですよね。

また、冷静に子どもの行動を見ていくと、常に「帰ろう攻撃」が起きているわけではなく、子どもが待つことができて「帰ろう攻撃」をしない場合もあるし、「はじめの数分だけは待てた」という場合もあります。**「ほめポイント」は日常の中にたくさん転がっています。**

だから、「帰ろう攻撃」を減らすためには、**叱るアプローチ以上に、すでに起きている「待てたこと」をほめていくのが大事**ですよー、ということなのです。

こう言えたらOK！

「太郎くん、ママが大事なお話をしているときに静かにして待てたね。よしよし（なでなで）」

総合練習2（ちょいムズ版）

さあ、きましたよ。今度は「ちょいムズ版」の総合練習です。

これまでに出てきた**［代わりの行動を教える］［一緒にやってみる］［気持ちに理解を示す］［環境をつくる］［ほめる］**の5つの青カードを縦横無尽に組み合わせて本番風の練習をしていきます。

ここでは、筆者からカードの選択や順番の指定はしないようにします。みなさんが、実際の生活の中で、みなさんらしく青カードを使えるようになってもらいたいんです。「こう言えたらＯＫ！」には、筆者や講座を受講したママたちの対応案を挙げておきます。**それらはあくまで参考であって、正解というわけではないです。**

この総合練習が終わるころには、みなさんも青カードを自由に使いこなせるようになっているはず？　では、「ちはっさくカード」を机に置いてチラチラ見ながら、さっとみなさんなりの対応案を考えてくださいね。

こんなとき何と言う？ 1

「ごちそうさま」を言わずに席を立った

太郎くんの家は、ごはん中はテレビを観ないスタイルです。夕ごはんを一番に食べ終わった太郎くんは、「ごちそうさま」を言わずに席を立ちました。

最近、太郎くんはごはんを食べ終わると、さっとテレビの前のソファに移動して、録画したアニメを観る流れになっています。その際に、太郎くんは早くアニメが観たくて、「ごちそうさま」を言わないことがたびたびあります。そんななかで、今日も太郎くんは「ごちそうさま」を言わなかったわけです。

ママは、「太郎くん、ちょっと待って」と言って、歩きはじめた太郎くんを止めました。太郎くんはすでに食卓から2メートルほど離れた場所にいます。

練習1―1

この「ごちそうさまを言わずに席を立った太郎くん」に望ましい行動を教えるとしたら、青カードをどのように組み合わせていくとよいでしょうか。今回の太郎くんは、ママから言われることに対して素直に「わかった」と言える状況だとします。

では、組み合わせをさっと考えて、みなさんのそばに太郎くんがいると妄想して、なるべく声に出して青カードでの対応を小芝居してみてください。

こう言えたらOK！

（その1）

【環境をつくる】……（太郎くんのそばまで行ってしゃがむ）

【気持ちに理解を示す】……「早くテレビが観たかったんだよね、それはわかるよ」

【代わりの行動を教える】……「わかるんだけどさ、ごはんを食べ終わったら、『ごちそうさま』って言ってね」

【一緒にやってみる】……「じゃあ、『ごちそうさま』するよ。せーの、『ごちそうさま』」

【ほめる】……「うん、『ごちそうさま』できたね。じゃあ、テレビを観ておいで」

（その2）
【環境をつくる】……………「太郎くん、こっちにおいで」（太郎くんを食卓のイスに座らせる）
【代わりの行動を教える】…「『ごちそうさま』をしてからテレビね」
【一緒にやってみる】………（太郎くんが「ごちそうさま」と言うのを見守る）
【ほめる】……………………「はい、『ごちそうさま』って言えたね」（なでなで）

なるべくシンプルに話しましょう。

練習1―2

「ごちそうさまを言わずに席を立った太郎くん」の設定をもう一度使います。

席を立った太郎くんに対して、ママが「太郎くん、ちょっと待って」と声をかけました。今回は、途中で太郎くんが抵抗するので、アドリブで青カードでの対応をしてみてください。

ママ「太郎くん、自分のイスに戻って」

太郎「……。（自分のイスに座る）」
ママ「ごはんを食べたら、『ごちそうさま』って言ってね」
太郎「イヤだ！　早くテレビが観たいの！」
ママ「（青カードでの対応をどうぞ）」

「青カード」のためのヒント

「気持ちに理解を示す」を使って、子どもの視点を想像しつつ、子どもに「そう考えている気持ちはわかるよ」とメッセージを投げて、その後のコミュニケーションが円滑に進むようにしておきます。**たったこれだけで、親御さんと子どもの「会話の周波数」が近づく感じになります。**

逆に、「気持ちに理解を示す」を使わずにストレートに本題を投げると、思わず挑発的な言い方をしてしまうリスクがあります。

○例

ママ「ごはんを食べたら、『ごちそうさま』って言ってね」
太郎「イヤだ！　早くテレビが観たいんだもん！」
ママ「はぁ？　『ごちそうさま』って言うんでしょ！！」（※）
太郎「なんでっ！」（※）
ママ「（プチンッ）『なんで』じゃないでしょっ！　いいかげんにしなさいよ！（以降、赤カード）」

あれですね。※マークのところは親子間の対等な言い合いになっていて、客観的に見ていれば微笑ましいのですが、やっている当人たちはしんどいですよね。なので、**「気持ちに理解を示す」を使えるのであれば、使っておいたほうがいい**です。

今の説明で、「子どもが抵抗してきたときに、『気持ちに理解を示す』だけでそんなにうまくいくわけないじゃん」と思った方、大丈夫ですよ。親御さんに余裕がある場合は、やってみると案外、「気持ちに理解を示す」で対応できることもあります。

「気持ちに理解を示す」だけでは対応しきれないこともいっぱいありますが、まあ、いずれにしても、「気持ちに理解を示す」で対応できるのであればそれに越したことはないので、ひとまずはそこの練習をするのが今の段階です。

こう言えたらOK!

（その1）

「気持ちに理解を示す（共感）」…「うん、そうだよね。テレビを観たいんだよね。それはわかるよ」

「ほめる」……「テレビを我慢して、ママとお話をできてえらいね」

「代わりの行動を教える」……「じゃあ、早くテレビを観られるように『ごちそうさま』をするよ」

（その2）

「気持ちに理解を示す（復唱）」…「あー、テレビを観たいんだよね」

「代わりの行動を教える」……「まあ、まずは『ごちそうさま』をするよ」

練習1—3

「ごちそうさまを言わずに席を立った太郎くん」シリーズの最後です。太郎くんを諭した翌日の朝食の場面です。太郎くんはごはんを食べ終わると、普通に「ごちそうさま」と言えました。

さあ、太郎くんをほめてあげてください。

「青カード」のためのヒント

「この行動は特に続けてほしい！」という場合は、次の「こう言えたらＯＫ！（その2）」のように、**ほめる前に環境をつくっておくと特別感がアップします。**

あと、今回の設定では、「ごちそうさまを言わないときがたびたびある」ということなので、裏を返せば、**「ごちそうさまを言えるときもそこそこある」**となります。

となると、できなかったところへの注意をがんばるよりは、**できたところを狙ってほめていったほうが、結果的にママはラクになれるかもしれません。**効率よくいきましょう。

こう言えたらOK！

（その1）
【ほめる】……「できたじゃん。太郎くん、ごちそうさまを言えたね」

（その2）
【環境をつくる】…「太郎くん、こっちにおいで」（太郎くんをママの膝に座らせる）
【ほめる】……「『ごちそうさま』って言えたね」（なでなで）

（その3）
【ほめる】……「太郎くん」（太郎くんと目が合ったら、無言でグッジョブのジェスチャー）

こんなとき何と言う？ 2

「トイレに行かない！」と言い張る

太郎くん一家は動物園に行きました。動物が大好きな太郎くんは楽しそうに園内を見て回り、今は象を眺めています。

ここでママは気づきました。太郎くんがモゾモゾしていて、どうやらオシッコを我慢しているようです。最近は、このモゾモゾの後にお漏らしをすることが何回か続いています。

ママは太郎くんの横に行き、「トイレに行こう」と伝えました。しかし、象を見ていたい太郎くんは、内股で股間を押さえながら「トイレに行かない！　僕は漏らさないから！」と言い切りました。

練習2―1

ではこの場面で、太郎くんをトイレに連れていく対応を青カードで構成するとしたら、どんなふうに対応するとよいでしょうか。

こう言えたらOK！

（その1）

【気持ちに理解を示す（復唱）】……「あー……、漏らさないよね……」

【環境をつくる】……「太郎くん、ちょっとこっちを向いて」（太郎くんを振り向かせて象を視界から外す。ママはしゃがんで太郎くんと目線を合わせる）

【気持ちに理解を示す（共感）】…「象を見たいのはよくわかるよ」

【代わりの行動を教える】……「わかるんだけど、念のためトイレに行っておこう。トイレが終わったらまた象を見よう」

【一緒にやってみる】……「よし、じゃあトイレに行くよ」

【ほめる】……「（トイレが終わったら）トイレに行けてえらかったね。象を見たいのを我慢したんだよね」

（その2）

【環境をつくる】……（太郎くんを抱っこして、緩やかに象を視界から外す）

【代わりの行動を教える】……「太郎くん、トイレに行っておこう」

【気持ちに理解を示す（共感）】…「漏らさないって気持ちはよくわかったよ」

【代わりの行動を教える】……「わかったんだけど、いったんトイレに行こう。トイレに行って、象を見よう。象はもういいって？　わかった、キリンにしよう。トイレ、キリンね」
【一緒にやってみる】……「よし、じゃあトイレに行こう」

練習2―2

クイズ形式でいきます。「『トイレに行かない』と言い張る」という問題行動を減らそうとすると、太郎くんのどのような普通の行動をほめていけばよいでしょうか。

【クイズの答え】
・太郎くんが自分からトイレに行くこと
・ママに言われて素直にトイレに行くこと

※　ちなみに、トイレ・食事・寝るといった、生理的な行動についてのしつけは注意が必要です。子どもは体の機能が未発達で、生理的な行動を自分の意思でコントロールできない場合があります。そこを問題行動ととらえてガミガミ叱ると、効果がないどころか、余計に状況が悪化することがあります。トイレトレーニングがうまくいかないから叱りつけていたら、おねしょが増えたとか、食べるのが遅いから叱っていたら、いっそう食べるのが遅くなったとか。

だから、生理的な行動については、プレッシャーにならない程度にさらっと教えて、さらっとほめる程度をおすすめします（この領域は小児科医、保健師、保育士、栄養士に相談するのが一番です！）。

練習2―3

太郎くんが象のおりの前で「トイレに行かない」と言い続けて、少し時間が経ったとします。この後でトラブルが起きるので、アドリブでの対応をお楽しみください。

ママ「太郎くん、そろそろトイレに行こう」

太郎「………（静かにうつむく）」

太郎「ママ、おしっこ漏れちゃった」（ズボンが少し濡れている）

※ママはたまたま気持ちに余裕があって、キレずに対応できるとします（奇跡？）。
あと、着替えは持ってきています。

ママ「（青カードでの対応をどうぞ）」

こう言えたらOK！

（その1）

［気持ちに理解を示す（復唱）］…「あー、漏れちゃったね」

［代わりの行動を教える］…………「トイレに行って着替えよう」

［一緒にやってみる］……………「じゃあトイレに行くよ」

（その2）

［気持ちに理解を示す（共感）］…「漏らしちゃったね。気持ち悪いでしょ」

［環境をつくる］……………………（太郎くんの前にしゃがんで目線を合わせる）

［代わりの行動を教える］…………「じゃあ、トイレに行って着替えるよ」

［一緒にやってみる］………………（手をつないでトイレに行く）

あんまり優等生のような練習をしているとみなさんもストレスがたまるでしょうから、一度「赤カード」での対応だとどうなるかもやっておきましょう。

今の「ママ、おしっこ漏れちゃった」の報告で、ママがカチンときて赤カードで対応するとしたら、どんな感じになるでしょうか。どうぞ。

◯赤カードでの対応例

ママ「だから『トイレに行こう』って何度も言ったんでしょ！　何をやってるの？　周りを見てみなよ。お漏らししてるのあんただけでしょ。恥ずかしくないの？　4歳にもなって、まだそんなこともできないの？　もうママ帰りたいんだけど。今日はもうお土産は買わないよ」

さあ、どうだったでしょうか。赤カードはいつもどおりいきいきと使えましたか？

青カードでの対応が少しでも増えて、赤カードでの対応が少しでも減ればよいわけですが、たぶんみなさんの考え方はすでに青カード方向にシフトしはじめているんじゃないかと思います。

どうです？　今の「おしっこ漏れちゃった事件」が実際に起きたとしたら、青カードでの対応ができる可能性はどれくらいありそうですかね。

青カードでの対応がまったくできないのを0、青カードでの対応がバッチリできるのを10とした場合、みなさんの青カードでの対応ができる度合いはいくつでしょうか？

心の中で数字を答えてくださいね。いきますよ。せーのっ！

さあ、答えはいくつだったでしょうか。講座で受講者さんに聞くと、だいたい5〜6くらいですが、**大事なのは数字の大きさではなくて、これまでうさんくさい練習をしてきたなかで、みなさんの青カードの実践の可能性が上がっているかどうか**です。

だから、1とか2でも大丈夫ですよ。**練習前より少しでも前進していればそれで十分です。**

こんなとき何と言う？ 3

玄関の鍵をかけてねと言ったのに……

太郎くんとスーパーで買い物をして家に帰ってきました。ママは買い物袋が重たかったので太郎くんより先に玄関の中に入り、太郎くんに「玄関の鍵をかけておいてね」と伝えて、台所に行きました。

食材をしまい終わったママがリビングに行くと、太郎くんはテレビを観ていました。念のためママが玄関のドアを見てみると……、ドアの鍵は開いたままでした。

練習3―1

それでは、ドアの鍵を開けたままテレビを観ている太郎くんに青カードで注意をしてみてください。

こう
言えたら
OK！

（その1）

【環境をつくる】……………「太郎くん、話があるからテレビを一度消すよ」（テレビのスイッチをゆっくり切って、太郎くんのそばに座って目線を合わせる）

【代わりの行動を教える】…「玄関の鍵が開いたままになっているから鍵をかけてきて」

【一緒にやってみる】………「はい、玄関に一緒に行くよ」（鍵をかけるのを見守る）

【ほめる】…………………「はい、鍵をかけたね」（なでなで）

（その2）

【代わりの行動を教える】…「太郎くん、玄関に来て」

【環境をつくる】……………（太郎くんのそばで中腰になって目線を合わせる）

【ほめる】…………………「えらいね。テレビを観てたけど、呼ばれたらすぐにママのところに来られたね」

【代わりの行動を教える】…「玄関の鍵が開いたままになっているから鍵をかけてね」

【一緒にやってみる】………（鍵をかけるのを見守る）

【ほめる】…………………「鍵をかけられたね。じゃあ、テレビを観てきていいよ」

練習3―2

設定を少し追加します。

太郎くんが少し反抗するので、アドリブで対応してみてください。


ママ（あー、玄関の鍵が開いてる。太郎くんは鍵をかけずにテレビを観てるのか…）

「太郎くん、玄関の鍵が開いてるから鍵をかけてきて」

太郎「ママがやればいいじゃん！　今テレビを観てるの！」


はい。このときママはまだ気持ちに余裕があったので、ゆったりと青カードで対応するとします。では、どうぞ。

こう言えたらOK！

（その1）

【環境をつくる】……（太郎くんのそばに行きながら）

【気持ちに理解を示す（復唱）】…「あー、テレビを観てるんだね」

【代わりの行動を教える】……「ほらほら。ドアの鍵をかけてから、テレビを観てね」

【一緒にやってみる】……「はい。鍵をかけにいくよ」

【ほめる】……「おお、できたじゃん。鍵をかけてくれてありがとう。じゃあ、テレビを観ておいで」

（その2）

【環境をつくる】……（太郎くんのそばまで行って、ゆっくりテレビを消して、太郎くんの隣に座って目線を合わせる）

【代わりの行動を教える】……「太郎くん、ママに『玄関の鍵をかけて』って言われたら、鍵をかけるんだよ」

【気持ちに理解を示す（共感）】…「今、テレビを観たいのはわかるよ。大好きな番組を観てるんだよね」

【代わりの行動を教える】……「でも、玄関の鍵をかけるのが先だから、鍵をかけてきて」

【一緒にやってみる】……（太郎くんが鍵をかけてくるのを見守る）

【ほめる】……「はい、できたね。鍵をかけられてえらかったよ」

練習3―3

次の日、外出先から帰ってきたママは昨日のことを思い出して、しれっと太郎くんに玄関の鍵をかける係をまかせました。

ママが先に玄関に上がって太郎くんの様子を見ていると、太郎くんは淡々と玄関の鍵をかけ、手を洗いに洗面所に行こうとしました。

はい。それでは、玄関の鍵をかけられた太郎くんをほめてあげてください。

こう
言えたら
OK！

（その1）
【ほめる】……「太郎くん、鍵をかけてくれてありがとう。ママ、助かるわ」

（その2）
【環境をつくる】…「太郎くん、おいで」（太郎くんを抱っこする）
【ほめる】………「ママがお願いしたとおりに、鍵をかけられたね。じゃあ、ママが太郎くんの手を洗ってあげる」

「事前に青カード！」のすすめ

ここで一休みしながら、青カードを使うタイミングについてお話ししておきます。

青カードを使うタイミングは、大ざっぱに「事前の対応」と「事後の対応」に分けられます。

「事後の対応」は、何かが起きたあとの対応です。

○問題行動をした　↓　代わりの行動を教える

・例：おもちゃを片づける際に箱に投げ入れたので、投げるのではなく、そっと置くように教える。

この「事後の対応」は、みなさんがここまでにたくさん練習してきたものです。

一方、「事前の対応」は、何かが起きる前の対応です。

○事前に代わりの行動を教えておく

・例：最近、おもちゃを片づける際に、箱の中に投げ入れるように雑に片づけることが続いている。今日も今からおもちゃで遊びはじめるので、事前に片づけ方を教えておく。

「事前の対応」はやること自体は簡単で、これまでに練習してきた**青カードでの対応**を**「子どもの行動が起きる前」に行うだけ**のものです。

説明するより実体験していただいたほうが早いので、さっそく練習に入ります。

「事前の対応」の練習1

また改札のところでウロチョロしそう……

駅の改札を通るとき、太郎くんがママから離れたところを歩き回り、スムーズに改札を通れなくてママがイライラすることが何回かありました。

今日も今から電車に乗ってお出かけをするのですが、改札の20メートルくらい手前で、ママは「また改札で太郎くんがウロチョロして叱ることになるのかな」と思いました。

ここで、事前の対応をしておくとします。まだ改札にたどり着いていないので、太郎くんの問題行動は起きていません。通路の端に寄って、太郎くんに「代わりの行動」として、改札のスムーズな通り方を教えるとします。では、練習をどうぞ。

［代わりの行動を教える］↓

「青カード」のためのヒント

青カードを使うタイミングが子どもの行動の前になるだけで、やることはこれまでと同じです。

タイミングが違うだけですが、**事前の対応は、事後の対応よりおすすめ度が高いんです。**なぜでしょう？

親御さんは、子どもの問題行動のパターンをけっこう把握できていて、その問題行動が起きるまで待って叱りがちです。今の改札の例でいえば、ママは「今日も改札で、太郎くんがウロチョロして叱ることになるのかな」と思いながら改札まで歩いていって、案の定、太郎くんがウロチョロして改札をスムーズに通れないと、ママは「ねえ！この前も言ったよね！（ドッカーン！）」となりがちです。

問題行動をそれだけ把握できているのであれば、そして気持ちや時間に余裕があるのであれば、**改札の手前で事前に代わりの行動を教えておけば、問題なく改札を通れる可能性を上げられます。**

そして、事前に教えたことによって改札をスムーズに通ることができたのであれば、ほめることもできます。

事前の対応・事後の対応をまとめると、次のようになります。

●事後の対応（子どもが問題行動をしたので注意する、諭す）
・すでに子どもの問題行動は起きてしまっている。片づけ・やり直しなどで実害が生じている場合もある。
・叱る親、叱られる子ども、双方が少なからずネガティブな感情を持つ。
・そんななかで、子どもに行動を変えることを求める。
・叱ることは大事ではあるけれど、難易度が高く、ここに注力しても効率が悪い。そして親御さんが疲れる。
↓「できたことをほめる流れ」に少しでもシフトしていきたい。

●事前の対応（問題行動が起きる前に、代わりの行動を教える）

・子どもの問題行動はまだ起きていない。

・問題が起きていないので、**親子ともに感情的にはフラット**（だからしつけの話も進めやすい！）。

・事前に代わりの行動を教えておくので、その後で子どもが望ましい行動ができる可能性が高くなる。**結果的に、ほめて終わる可能性が高まる。**

→「教えた。できた。ほめた」という親子の成功体験を積み上げやすい。

このように、事前の対応で青カードを使っていくとよいことがたくさんあります。

ただ、事前の対応には1つだけ弱点があります。

事前の対応は忘れやすいんです。

事後の対応だと、問題が起きているので親御さんたちは嫌でも子どもの問題行動が目に入り、自然に子どもへの対応をはじめることになります。

しかし、事前の対応だと、問題が起きる前に、「これは叱ることになりそうだなぁ。

先に教えておこう」と、親御さんが気づいて動きはじめる必要があるのです。
事前の対応を忘れずに行うコツは、「叱ることになりそうだな」とか「できるかな〜、ちょっとできなそうだな〜」と不安に思ったら、ささっと青カードを使うことです。
「不安に思ったら、事前の青カード！」です。

こう言えたらOK！

「太郎くん、改札を通るときはママの前にピタッとくっついて歩いてね」

あとは、状況によって、「一緒にやってみる」や「ほめる」など、ほかの青カードをこれまでの練習と同じように組み合わせればできあがりです。

「事前の対応」の練習2

また歯ブラシをくわえたまま歩きそう……

太郎くんの歯磨きは、ママの膝の上であおむけになってママに仕上げ磨きをしてもらって完了です。

仕上げ磨きの後は、太郎くんは洗面台でうがいをしますが、最近、太郎くんは歯ブラシをくわえたまま立ち上がることがあります。ママは都度、注意しているのですが、まだたまにこの問題行動が起きています。

今日も今から太郎くんの歯磨きをする場面なのですが、ママはふと、「また太郎くんは歯ブラシをくわえたまま立ち上がるのかな」と思いました。ママと太郎くんは、リビングで絵本を読み終えて床に座っている状態です。

それではいきましょう。事前の対応として、仕上げ磨きが終わったらどのように立ち上がればよいかを太郎くんに教えてください。練習をどうぞ。

［代わりの行動を教える］↓

こう言えたらOK！

「歯磨きをするとき、ママの仕上げ磨きが終わったら、歯ブラシは手に持って、立ってね」

本番で青カードを組み合わせていくと、次のような感じになります。

［環境をつくる］「太郎くん、あのさあ」（太郎くんと目を合わせる）

［代わりの行動を教える］「歯磨きが終わったあと、歯ブラシをくわえたまま立って、ママに注意されることあるでしょ。歯磨きが終わったら、歯ブラシは手に持って、立ってほしいんだ」

［気持ちに理解を示す］「思わずやってしまうのはわかるよ」

［代わりの行動を教える］「でも、歯ブラシをくわえたまま動くと危ないから、歯ブラシは手に持って立つんだよ」

［一緒にやってみる］「じゃあ、ちょうど今から歯磨きの時間だからやってみよう」

→（太郎くんが「イヤだ」と抵抗する）

［気持ちに理解を示す］「あー、イヤだよね。わかる。めんどくさいときもあるよね」

［一緒にやってみる］「でもさ、どっちにしろ歯磨きはしないといけないから、ほらほら、洗面所に行くよ。歯磨きが終わったときは、歯ブラシを手で持って立つんだよ」

→（太郎くんは洗面所に行って歯磨きをして、最後にママに言われたとおり歯ブラシを手で持って立てた）

［ほめる］「太郎くん、歯ブラシを手に持って立てたね。がんばったね。よしよし」

今の場面だと、「一緒にやってみる」の部分では、「洗面所で実際に歯を磨く」「洗面所で歯磨きをするふりをして事前練習」「リビングの床で歯磨きをするふりをして事前練習」など、何パターンか選択肢があります。

こういう場合は、**子どもが楽しくできそうで、親御さんも負担感が少なくできそうなものを選んでください。**

「事前の対応」も「事後の対応」と同様に、少ない青カードでスムーズに進むこともあれば、グダグダな流れでたくさんの青カードが登場するときもあります。

まあ、アドリブで適当にいきましょう。練習と実践あるのみです。

「事前の対応」の練習3

今日こそは、じいじ・ばあばに挨拶してほしい

今日はママの実家へ半年ぶりの帰省をします。前回の帰省では、太郎くんは恥ずかしがってじいじ、ばあばに挨拶をできずモジモジしてしまいました。ママとしては、今回は太郎くんに元気に挨拶をしてほしいなあと思っています。

そこでママは事前の対応として、自宅を出る前に太郎くんと挨拶の練習をしておこうと思いました。

では、事前に太郎くんに挨拶の仕方を教えてあげてください。

［代わりの行動を教える］↓

こう
言えたら
OK！

「今日、じいじとばあばの家に着いたら、最初に大きい声で『こんにちは』って言ってね」

「一緒にやってみる」をセットにする場合は、「じゃあ、じいじとばあばに会ったら、太郎くんは何て言うんだっけ？」というようになります。

「事前の対応」の説明はここまでです。

ぜひ事前の対応を使って、叱る回数を減らして、ラクになっていただきたいなあと思います。効率のよいアプローチでいきましょう。

総合練習2（ちょいムズ版）の続き

それでは、【総合練習2（ちょいムズ版）】の続きに戻ります。

そろそろみなさん疲れてきて、練習で声を出すのがおっくうになって、対応例の部分を読むだけになっていたりしませんか？

あと少しで終わりなので、がんばって声を出してうさんくさい練習をやり切りましょう♫

こんなとき何と言う？4

玄関の土間に座って靴を履いている

今からママ友の家に遊びに出かけるため、用意をしているところです。前回、ママ友の家から帰る際に、太郎くんが玄関の土間に座り込んで靴を履いていたことをママはふと思い出しました。

そこでママは、「そろそろ太郎くんに、土間に座らずに靴を履くことを教えよう」と考えました。

練習4—1

ママと太郎くんは出かける準備が終わって、リビングにいます。事前の対応として、太郎くんに土間に降りずに靴を履く方法を教えてあげてください。

こう言えたらOK!

（その1）

［代わりの行動を教える］……「太郎くん、玄関で靴を履くときは下に降りずに、廊下の端に座って靴を履いてほしいんだ」

［一緒にやってみる］……「ちょっと玄関まで行ってみよう。（玄関に移動する）ここに座って靴を履いてね。（玄関の段差を指しながら）じゃあ、いま履いてみて」

［ほめる］……「そうそう。土間に降りずに靴を履けたね」

（その2）

【環境をつくる】……………「太郎くん、ちょっと来て」（一緒に玄関に行く）
【代わりの行動を教える】…「太郎くんさあ、靴を履くときに土間に降りちゃうでしょ。今度からは、土間に降りずに、ここに座って靴を履いてほしいんだ」（玄関の段差を指しながら）
【気持ちに理解を示す】……「今まで土間に降りてたからね。ついつい土間に降りちゃうよね」
【代わりの行動を教える】…「これからは、ここに座って靴を履いてね」
【一緒にやってみる】………「じゃあ、靴を履いてみて」（見守る）
【ほめる】……………………「よーし。できたね」

練習4―2

「練習4―1」をしたあと、ママと太郎くんはママ友の家に行って楽しい時間を過ごし、そして帰りの時間になりました。今は玄関に移動したところです。

では、太郎くんに「青カード1枚」だけを使って、何をすればよいのかをシンプルに伝えてあげてください。どうぞ。

こう
言えたら
OK！

［代わりの行動を教える］

「太郎くん、ここに座って靴を履いてね」
（玄関の段差を指しながら）

練習4—3

ちょっと変わった練習をします。今回は青カードを使いません。「練習4—2」と同じ場面で、ママとしては「出かける前に靴の履き方を練習しておいたから、太郎くんはしっかり覚えているはずだ」という確信があったとします。

この状況で青カードを使わずに、シンプルな一言やジェスチャーで太郎くんに望ましい行動を促す場合、どうすればよいでしょうか。

いろんな選択肢があるので、好きなアクションをしてみてください。どうぞ！

こう
できたら
OK！

（いろいろあります）
「太郎くん」と声をかけて、目で合図を送る。
「太郎くん、ここだよ」と言って、玄関の段差を指さす。
「太郎くん、練習したでしょ♪」と伝える。　など

事前の対応で望ましい行動を教えてある場合、本番では丁寧に説明をしなくても話が伝わるので楽ちんです。筆者もこのパターンには本当に助けられました。

「練習したでしょ♪」とか、目を合わせて意味深にニコッとするだけで子どもに伝わって、教えたとおりに望ましい行動をしてくれるのですから。

逆に、事前の対応をしていないと、ぶっつけ本番で周りの環境に影響を受けながら、「靴を履くときは土間に降りるんじゃなくて〜」とはじめないといけないので、親御さんも神経を使うことになります。

この差は意外に大きく、「練習したでしょ♪」だけですむのであれば、親御さんの

負担感は減って、子どもをほめる気持ちの余裕が生まれたりもします。

ただ、これにもリスクがあります。事前の対応で教えておいたけれど、子どものほうは理解できていなかった、もしくは忘れてしまっていたという場合、「練習したでしょ♪」は赤カードの「あいまい」になり、トラブルを誘発したり、親御さんの疲れを生み出したりします。

まあ、過信は禁物です。相手は子どもですから。

こんなとき何と言う？ 5

宅配便の箱を勝手に開けてしまった！

昼に宅配便が来て、ママは受け取った荷物を玄関にそのまま置いておきました。中身はネットショッピングで買ったママの服です。

夜になってママが玄関の荷物を取りにいくと、なぜか箱のふたが開けられていて、中を確認してみると、中身をいったん箱から出してその後、雑に箱の中に戻した状態でした。

太郎くんに聞いてみたところ、申し訳なさそうに「自分がやった」と話し、素直に謝りました。

練習5—1

それでは、筆者からの質問です。

今の場面設定を読んだみなさんは、まずはじめに太郎くんに使う青カードは何がいいと思いましたか？　はい、いきますよー。答えをどうぞ。

今の質問に正解はないのですが、もし「ほめる」を最初に持ってくると答えられたのであれば、あなたはもう「青カード脳」です。すばらしい！

そんなわけで、箱の中身を勝手に開けてしまったことを申し訳なさそうに話し、素直に謝ることができた太郎くんを、まずはほめてあげてください。どうぞ。

「青カード」のためのヒント

問題行動と望ましい行動が同じタイミングで起きた場合、問題行動は注意し、望ましい行動はほめます。

一緒くたにせず、切り分けて扱います。

こう
言えたら
OK！

「うん、そうか。太郎くん、がんばったね。箱の中身を出しちゃったことを自分から謝れたね」

練習5―2

では、ほめるのが終わったところで、宅配便の箱を勝手に開けてしまったことを注意して、次回からはどのような「代わりの行動」をすればよいかを教えてあげてください。

こう
言えたら
OK！

（その1）

【代わりの行動を教える】……「宅配便の箱を開けるときは、ママと開けるんだよ」

【代わりの行動を教える】……「だから、箱を開けたいのなら、まずはママを呼んでね」

【一緒にやってみる】……「じゃあ、いま箱を開けたいとして、『ママ』って呼んでみて」

（太郎「ママ！」）

【ほめる】……「うん。できたね。太郎くんに呼ばれたからママが来たとするよ」

【代わりの行動を教える】……「次は、ママに『箱を開けたい』って言ってみて」

【一緒にやってみる】……（太郎「箱を開けたい」）

【ほめる】……「よーし。できたね。次からは今みたいにママを呼んで、ママと箱を開けるんだよ」

（その2）

【環境をつくる】……「太郎くん、ちょっと座ろう」（一緒に床に座って目線を合わせる）

【気持ちに理解を示す】……「箱の中身を見たかったんだよね。それはわかるよ」

【代わりの行動を教える】…「次からは、箱を開けたいときはママに開けていいかを聞いてね」

【気持ちに理解を示す】……「えっ、なに？　僕が聞いてもママは、『今は忙しい』って言うでしょって？　なるほど、わかった。それで一人で開けちゃったんだね。わかったよ」

【代わりの行動を教える】…「じゃあ、ママも太郎くんから『開けていいかどうか』を聞かれたら、『いいよ』か『あとで一緒に開けよう』か、どちらかを答えるようにするね。太郎くんも、箱を開けたいときはママに『箱を開けていい？』って聞いてね」

【一緒にやってみる】…………「じゃあ、いっぺんやってみよう。『箱を開けていい？』ってママに聞いて」

【ほめる】…………………………「できたね。ママも『いいよ』か『あとで一緒に』って言うようがんばるね」

こんなとき何と言う？ 6

マヨネーズの容器の口をなめてしまった

いよいよ最後の練習です。食事中、太郎くんはサラダにマヨネーズをかけた際に、マヨネーズの容器の口をペロッとなめました。
そうなんです。太郎くんはマヨネーズ愛好家なんです。

練習6―1

太郎くんがマヨネーズの容器の口をなめてしまったので、「代わりの行動」を教えてあげてください（ママにはまだ気持ちの余裕があるとします）。

（その1）
［環境をつくる］……………「ちょっと太郎くん、マヨネーズをママにちょうだい」
［代わりの行動を教える］…「太郎くん、マヨネーズをかけるときは、『かけて、ふた

こう言えたらOK！

をして、おしまい』だよ。なめるのはなしだよ。かけて、ふたをして、おしまい」

【気持ちに理解を示す】……「太郎くんはマヨネーズが好きだから、思わずなめちゃったんだよね」

【一緒にやってみる】……「じゃあ、ママのサラダに『かけて、ふたをして、おしまい』をやってみて」

【ほめる】……「そうそう。できたね」

【一緒にやってみる】……「念のため、パパのサラダにもかけてみて」

【ほめる】……「そうそう。なめるのなしでマヨネーズをかけられたね」

（その2）

【代わりの行動を教える】……「マヨネーズは容器からなめるんじゃなくて、食べ物にかけたり、混ぜたりして食べるんだよ。サラダのマヨネーズがかかったところを食べてみて」

【一緒にやってみる】……（太郎くんがサラダを一口食べるのを見守る）

【ほめる】……「できたね。そうやってマヨネーズは野菜とかと一緒に食べるんだよ」

講座でこのマヨネーズネタの練習をすると、受講者さんから「今までは、この状況だと罰を与えていた」「罰を与えないと子どもに伝わらないのではないか」といった話が出がちなので、ここで「罰」について少し触れておきます。

罰を与えたほうがいいの？

まず、「ちはっさく」では子どもの問題行動に対して罰は使いません。罰は赤カードです。「思わず使ってしまうけれど、なるべく使わないほうがいいですよ」という扱いです。

なぜかというと、罰は使い方が難しいうえに、使い方を間違えると親子ともに大きなダメージを受けるからです。

たとえば、子どもがおもちゃを片づけないので、ママは罰としておもちゃの一部を捨てたとします。子どもは泣きわめいて抵抗して、数分経ってから観念してママに謝り、おもちゃを片づけたとします。

それでは、この流れの中で、子どもは「片づけないのはよくないな。よし、これからは毎日片づけをがんばろう！」と思えるのかというと、まあ、答えはＮＯですよね。「ママが怖いから」「またおもちゃを捨てられるから」というネガティブな理由での片づけになります。

これだけだと、子どもの主体的な行動に結びつけるのは難しいですよね。だから、**罰を与える以外のフォローが必要になります。**次回、子どもがおもちゃの片づけをできたときにほめるとか、片づけが成功しやすいように片づけ方を教えておくとか。となると、結局は「青カードが大事」という話に戻ってきます。

あと、罰の利用には恐ろしい罠があります。

まず、罰は瞬間的な効果はあるんです。間違いなく。だって、その場では子どもは言うことを聞くじゃないですか。だから、親御さんは思わず罰を使ってしまうんです。

でも、**罰を使ってその場を収めても、再度同じ問題行動が起きると、対応がどんどん難しくなっていきます。**

・おもちゃを片づけないので、おもちゃを捨てるふりをして言うことを聞かせた。
↓ また片づけなかった。おもちゃを本当に捨てた。
↓ またまた片づけなかった。子どもをベランダに締め出した。
↓ 近所の人に通報されて、市役所の職員が来た……みたいな。

罰に頼ると、問題行動が起きるたびに罰を大きくせざるを得なくなります。こうなると、親子ともに痛い目にあっている割に、肝心のしつけのほうは進みません。

こういった罰のリスクを回避しようとすると、今度は「罰の大きさはどれくらいがよいのか」「子どもに罰の意味を理解させるにはどのように説明するといいのか」といったことを考える必要が出てきて、話がどんどん高度になっていきます。

一方で、講座の受講者さんたちの実践報告からしても、**罰を使わない青カードだけの対応でも、意外にうまくいく部分がたくさんあります。**

そうなると、「わざわざリスクのある『罰』を使わなくてもいいのでは」ということになります。

子どもの問題行動が続くとき、罰の使い方を工夫するよりも、**青カードで「代わりの行動」を明確に教えて、念のため「一緒にやってみる」をしておいて、できたら「ほめる」という対応をしたほうが話はシンプル**です。

罰を使わずに青カードで対応するのは、頭がお花畑な理想論を振りかざしているわけではなくて、**むしろドライに効率や成功率を考えた結果としての選択**だったりします。さあ、現実的な選択は、罰なのか、青カードなのか、と。

そんなわけで、「適正な罰の使用」を否定するわけでもありませんが、**おすすめもしません。** 少なくとも、罰の使用を考えるのは、青カードを使いまくって、それでもうまくいかないときでいいんじゃないですかね。

では、練習の続きに戻りましょう。

練習6—2

マヨネーズの容器の口をなめた事件から数日後の夜です。今から夕ごはんにお好み焼きを食べます。

太郎くんの家では、焼いたお好み焼きを取り皿に分けて、家族がそれぞれソースとマヨネーズ、かつお節などを好きなようにかけることになっています。

ママはお好み焼きの準備をしながら、「この前、マヨネーズの容器の口をなめたのを注意したなあ。今日はさすがに大丈夫かな」と思いました。

それでは、太郎くんがお好み焼きにマヨネーズをかける前に、「事前の対応」としてあらためてマヨネーズの食べ方を太郎くんに教えてあげてください。

こう言えたらOK！

（その1）

【代わりの行動を教える】…「太郎くん、この前も話したけど、マヨネーズをかけるときは、『かけて、ふたをして、おしまい』だよ。なめるのはなしだよ。できそう？」

（太郎「うん。覚えてる」）

【ほめる】……………………「覚えていてえらいね」

（その2）

【代わりの行動を教える】…「マヨネーズは容器から直接なめるんじゃなくて、食べ物にかけて食べるんだよ」

【一緒にやってみる】………「じゃあ、たとえばさあ、ここにマヨネーズとお好み焼きがあるとするでしょ。マヨネーズをかけて食べるところママに見せて」（ごっこ遊び風に）
（太郎くんがお好み焼きにマヨネーズをかけて食べるふりをする）

【ほめる】……………………「うん、マヨネーズを正しく食べられたね」（なでなで）

練習6—3

さらに数日後、またサラダにマヨネーズをかけるメニューとなりました。今回の太郎くんは、ママから何も言われなくても、マヨネーズの容器の口をなめることなく、普通にサラダにマヨネーズをかけて食べました。

もうわかりますよね？　太郎くんをほめてあげてください。

「青カード」のためのヒント

当たり前のことをほめておきましょう。それで叱る回数が減らせるのであればラクなもんです。

こう言えたらOK！

「太郎くん、マヨネーズの容器をなめずに、サラダにかけて食べられたね」

▼「まだ練習が足りない」という方に朗報！
「総合練習3　激ムズ版」をご用意しました!!　くわしくはこちら↓

最後のまとめ

はい、お疲れさまでした。これでこの本での練習はおしまいです。最後のほうは、「えー、まだ練習するの？　疲れたよ」とか思ったりしませんでしたか？

ここまで練習をしてきたみなさんは立派ですよ！　がんばりましたね！

おそらくみなさんは、もう「青カード脳」になっているはず。外出先でほかの親御さんの子どもへの対応を見たとき、「あー、環境をつくらずに話しちゃってる。それは負け戦だぞー」とか、「出たー。『ちゃんとしてよ』。それはあいまいだー」とか思ったりするかも。

もし、そういうふうに客観的に見られるのであれば、青カードがしっかり頭に入っている証拠です。あとは、実践あるのみです。

この本では、ここまで5枚の青カード（基本カード）を使った対応方法をひたすら練習してきました。

では、なんでこの本では基本カードしか練習しなかったのかというと、**基本が大事だからです。**基本カードは、普段の親子間のコミュニケーションで使う頻度が高い基本的な対応方法であり、**地味だけど日々の積み重ねが大きな威力を持ちます。**

親御さんたちからは、子どもが問題行動を起こして、親御さんもカチンときて、親子間で一触即発の状況になったときに使いやすい特殊カードのほうを求められがちですが、それはある意味、起きてしまったあとの事後処理なんです。

重要なのは、日頃から基本カードで親子間のコミュニケーションの質を上げておき、トラブルを事前に減らしておくことです。

それで親子関係が少しよくなったり、親御さんに自信や余裕がちょっと生まれたり、親子の成功体験が積み上がったりすれば、特殊カードを使ったほうがよいような難しい場面でもようやく勝算が見えてきます。**特殊カードだけでは問題は解決できないんです。**

だから、まずは、この本で練習した基本カードの実践をしこたまがんばっておいてください。**くどいようですが、基本は超大事なんです。**

そして、基本カード5枚が使えるようになってきたら、残りの3枚の「特殊カード」もぜひ使ってみてください。

いつか機会があれば、今回の「基礎の特訓編」に続く「応用編」として次のようなことをお伝えできれば、と考えています。

◆これが噂の特殊カード！「困ったときにみなさんを助けてくれる地味な青カード」3枚を紹介！

【No.6 待つ】

ヤバいときはとりあえず待つんだ！ 待つのが意外と難しい？ そうなんだよ！

だから練習するんだよ！ ここでの練習では、子どもが駄々をこねまくるよ！

【No.7 落ち着く】

青カードを使おうにも、イライラしたらそれどころではない？　そうなんだよ！　まずは落ち着くんだ！　「落ち着く」っていっても、ちょっとだけなんだけど、その「小さな落ち着き」が大きな成果を生むんだ！

【No.8 聞く・考えさせる】

これは意識高い系の子育て雑誌なんかではよく紹介されてるよ！　効果は高い！　だけど、使い方を間違えるとこれがまたヤバいんだ。だから練習して、青カードとして使えるようにするよ！

◆全部で8枚の青カードが出そろったところで、お楽しみのリアルな総合練習！

・落ち着いて青カードを組み立てる練習！

・せっかく青カードを使っているのに邪魔が入る？　事態が悪化する？　怒濤のリアルなアドリブ練習！

・奇跡の逆転劇！　思わずどなってしまった？　大丈夫！　青カードが8枚そろった

今ならいける！　赤カードを使ってしまったところからの切り替え練習！

◆自分の家のできごとに当てはめてみる練習！

・青カードは練習で使えればいいんじゃない！　自宅の事件に使うんだ！

・青カードはママだけ使えればいいんじゃない！　パパ、子ども、じいじとばあば、家族みんなが青カードを使えるようにして、ママがラクになるんだ！

最後の最後に

みなさん、ここまでたくさん練習をしてきた感想はいかがですか？

簡単でしたか？　それとも意外に難しかったですか？　そして、みなさんのお子さんに対してさっそく実践できそうでしょうか？

筆者としては、わざわざこのあやしい本を買って、うさんくさい練習をしてくださったみなさんであれば、実践もしてくださると信じています。

練習問題の対応例のように小ギレイな使い方でなくてもよいので、**楽しく適当に、できそうなときだけ、青カードをじゃんじゃん使っていってください。**

ほんのちょっとでも、「あれ？　今の自分の対応、いい感じかも♪」とみなさんが思える瞬間が増えることを、筆者も適当に祈っています。

あとがき

いやー、書き終わりましたよ。なんだかんだで半年近くかかりました。

小学生の頃から作文は苦手なのでそれなりにしんどかったのですが、「ちはっさく」の内容を本に書くことで、日頃の講座活動ではお会いできないみなさんにもあやしい練習を体験していただけるわけなので、筆者にとっては十分にやりがいのある作文タイムでした。

親御さん以外のところでも、自治体・民間団体の子育て支援関係者さん、民生委員さん、市町村の議員さんなどにも、子育て支援策の一つとして、「基礎練で簡易に身につける子どもへの対応方法」というカテゴリーがあることを、この本をきっかけにして知ってもらえたらうれしいなあと思っています。

最後に、この本を書くにあたってお世話になりました&日頃からもお世話になっております、野口啓示先生、渡邉直さん、須江泰子さん、松本江美さん、いつもいつもありがとうございます。

講座活動を一緒にしてくださっている仲間のみなさんにも感謝いたします。みなさんの柔軟な活動があっての「ちはっさく」です。

そして、最後まで読んでくださった読者のみなさまにもお礼を申し上げます。それではまたどこかでお会いしましょう。

子どもも自分もラクになる「どならない練習」

発行日　2020年11月20日　第1刷
2021年 2 月25日　第2刷

Author　伊藤徳馬

Illustrator　あべかよこ

Book Designer　鈴木大輔　仲條世菜（ソウルデザイン）

Publication　株式会社ディスカヴァー・トゥエンティワン
〒102-0093　東京都千代田区平河町2-16-1 平河町森タワー 11F
TEL　03-3237-8321（代表）03-3237-8345（営業）
FAX　03-3237-8323
http://www.d21.co.jp

Publisher　谷口奈緒美

Editor　三谷祐一

Store Sales Company
梅本翔太　飯田智樹　古矢薫　佐藤昌幸　青木翔平　小木曽礼丈　小山怜那
川本寛子　佐竹祐哉　佐藤淳基　竹内大貴　直林実咲　野村美空　廣内悠理
井澤徳子　藤井かおり　藤井多穂子　町田加奈子

Online Sales Company
三輪真也　榊原僚　磯部隆　伊東佑真　川島理　高橋雛乃　滝口景太郎
宮田有利子　石橋佐知子

Product Company
大山聡子　大竹朝子　岡本典子　小関勝則　千葉正幸　原典宏　藤田浩芳　王廳
小田木もも　倉田華　佐々木玲奈　佐藤サラ圭　志摩麻衣　杉田彰子　辰巳佳衣
谷中卓　橋本莉奈　林拓馬　牧野類　元木優子　安永姫菜　山中麻吏　渡辺基志
小石亜季　伊藤香　葛目美枝子　鈴木洋子　畑野衣見

Business Solution Company
蛯原昇　安永智洋　志摩晃司　早水真吾　野﨑竜海　野中保奈美　野村美紀
林秀樹　三角真穂　南健一　村尾純司

Ebook Company
松原史与志　中島俊平　越野志絵良　斎藤悠人　庄司知世　西川なつか　小田孝文
中澤泰宏

Corporate Design Group
大星多聞　堀部直人　岡村浩明　井筒浩　井上竜之介　奥田千晶　田中亜紀
福永友紀　山田諭志　池田望　石光まゆ子　齋藤朋子　福田章平　俵敬子
丸山香織　宮崎陽子　青木涼馬　岩城萌花　大竹美和　越智佳奈子　北村明友
副島杏南　田中真悠　田山礼真　津野主揮　永尾祐人　中西花　西方裕人
羽地夕夏　原田愛穂　平池輝　星明里　松川実夏　松ノ下直輝　八木眸

Proofreader　文字工房燦光

DTP　有限会社一企画

Printing　日経印刷株式会社

ISBN978-4-7993-2692-3